植治次期十二代

小川勝章と巡る 技と美の庭 京都・滋賀

京都新聞社編
小川勝章
文・仲屋聡

京都新聞出版センター

庭を楽しむ・庭がわかる

小川さんが庭について語るのをはじめて聞いたとき「不思議な人だなぁ」と思った。小川さんの使う言葉は、これまで聞いてきた作庭家の表現と大きく違っている。語り口・身振り・手振りがふつうでない。どんな考えで庭を作ろうとしているのか、すぐにはつかめない。壇上で小川さんがどんな様子だったかというと、少し話をすると演台を離れて壇上を歩き回り、手を伸ばして木にさわる、川のせせらぎに手を浸す、石をなでる、そんなしぐさを見せる。語りながら庭の存在を確かめるような動作を続けるのだった。小川さんの語る言葉も、分かりやすい日常の表現を用いながら、独自の意味に使っていた。とても斬新な講演だとの印象を受けた。

石・木・水で作り上げられる日本の庭園は、小川さんにとっては論じる対象であるだけではなく、なでたりさわったり感じるものの集合体なのだろう。子どものような素振りを交えた庭についての語りは、私にはとても興味深い庭づくり論だった。あとでふと思いついたのだが、庭を語る小川さんの言葉は英国の児童文学者ヒュー・ロフティングの『ドリトル先生物語』シリーズ（翻訳・井伏鱒二、岩波少年文庫）を思い起こさせる。ロンドン郊外に住んでいる医者ドリトル先生は動物語が話せる。オウム・犬・猿・豚などと自由に会話できる。自由に語れる動物語を駆使して、病気や危険にさらされる動物の困難・苦しみを解決すべく世界を飛び回るのである。小川さんのいささか不思議な語り口やしぐさは、動物に動物語があるように、庭に庭園語があるという思いを私に抱かせた。

庭の起源論には、人間界とは違う世界の存在である超越者（神や仏）との関係から生まれたとする考えがある。小川さんもそのように語っている。超越者をもてなし、超越者と理解しあえるような場所づくりが「庭なるもの」が成立する大きな要因になっている。だとすれば、動物界の理解のために動物語があるように、庭の世界の理解には「庭園語」があって、それを操る人が存在すると考えてはどうだろうか。「庭園語」の達人がこれからどんな庭を作り、どんな解説をしてくれるのか、大いに期待したい。独特な身振りで庭の楽しみを語ろうとする作庭家・小川さんの不思議な感性をこの本から感じてもらいたい。

白幡洋三郎（国際日本文化研究センター名誉教授）

prologue

作庭家という職業柄、京都の街全体を庭と見立ててよく考えます。作庭の際は「築山」を自然の山に見立てます。その観点に立てば、京都は東山、西山、北山と三方を山に囲まれていて安心感を得られます。私も築山を作る時はあんな風に山を作りたいなと考えます。特に比叡山が要となっていて、その向こう側には琵琶湖の気配も感じられるのです。

また、京都には桂川や鴨川が流れています。平安京の四神相応の考えでは、東は「青龍」にあたる鴨川の水が守っている。もし山や川がなかったならば潤いのない街だったことでしょう。かつては南に巨椋池があったと考えると、平安宮や現在の京都御所を中心に壮大な庭園ができていったように感じます。京都が大きな庭ならば、風通しの悪い今の日本の中では通りづらい風を流す、「坪庭」のような役割を果たしているのかもしれません。

庭の完成とはどの段階かと問われることがあります。一年目でも十年目でも百年目でも、それぞれの良さが庭にはあります。失うものはありますが、時間を重ねて初めて生み出される美しさもある。欠けた灯籠は風雪に耐えた証しでもあり、時間を感じることができる。今は会えない先人の思いに触れられるのが庭の良さでもあります。

新しい建物でいえば、JR京都駅前の京都タワーは不思議です。見方によっては庭における灯籠や多重塔のように見えたりします。大きくそびえる多重塔を最

将軍塚青龍殿

京都東山の頂、天台宗青蓮院門跡の飛地境内に、平成26年10月建立された大護摩堂「青龍殿」。木造の大舞台からは、京都市内、さらには大阪近郊まで一望できる。

京都市内がぐるりと見渡せる、将軍塚青龍殿より撮影

初に据えた先人はさぞ驚いたことでしょう。それが時間を経て庭の要になっていきます。京都に灯籠を据えようと思えば、玄関口に作ろうと考えます。そういう意味では、京都駅前にあるのは面白いですね。

京都に美しい庭が多い理由には京都が良質な石に恵まれていたことも挙げられます。鞍馬石や貴船石、加茂の七石に白川石や白川砂が近くにありました。水も重要で、川の水をコントロールできない時代には砂を水に見立てる「枯山水」の発想が生まれました。また、明治期には琵琶湖疏水の水を使う庭もできました。たまった池の水だけでなく、流れる水も大事な要素です。

京都市左京区岩倉の実相院では市民参加型で庭を作るプロジェクトに取り組みました。最近は土の地面にふれる機会が減っています。庭を見てもらうだけではなく、実際に作ってもらおうと考えて企画しました。自分が植えた苔ならば慈しんでもらえる、何度も通ってもらえる庭にしたいと思いました。

京都にはそのような庭がたくさんあります。庭の美しさの背景には技が宿っている。地上からは見えない工夫など簡単には読み取れない部分が多い。庭は季節や時間によって表情が異なる一期一会の世界です。この本では、四季ごとにお庭を紹介していますが、それぞれの季節におすすめの庭園を紹介しているのではありません。石や木から庭を見るのも、作者や時代から入るのも、自由です。庭や京都から教えられることは決して尽きることはありません。ぜひ何度も訪れていただきたいものです。

植治　次期十二代　小川勝章

京都市山科区厨子奥花鳥町　☎075-561-2345（青蓮院門跡）　京都駅よりタクシー 約20分　青蓮院よりタクシー 約10分
※三条、四条、五条、清水、将軍塚青龍殿を通る循環バスあり（11月以外は土日祝のみ運行）

index

本書について
＊庭園の入園時間・料金については各庭園へお問い合わせください。
＊本書のデータは2018年1月現在のものです。
＊掲載写真は取材当時のものです。
＊本書掲載の庭園平面図は概略イメージです。敷地全域または一部のみを示しており、実際の縮尺および配置とは若干異なります。

植治次期十二代

小川勝章と巡る

技と美の庭

京都・滋賀

談・小川勝章
文・仲屋　聡

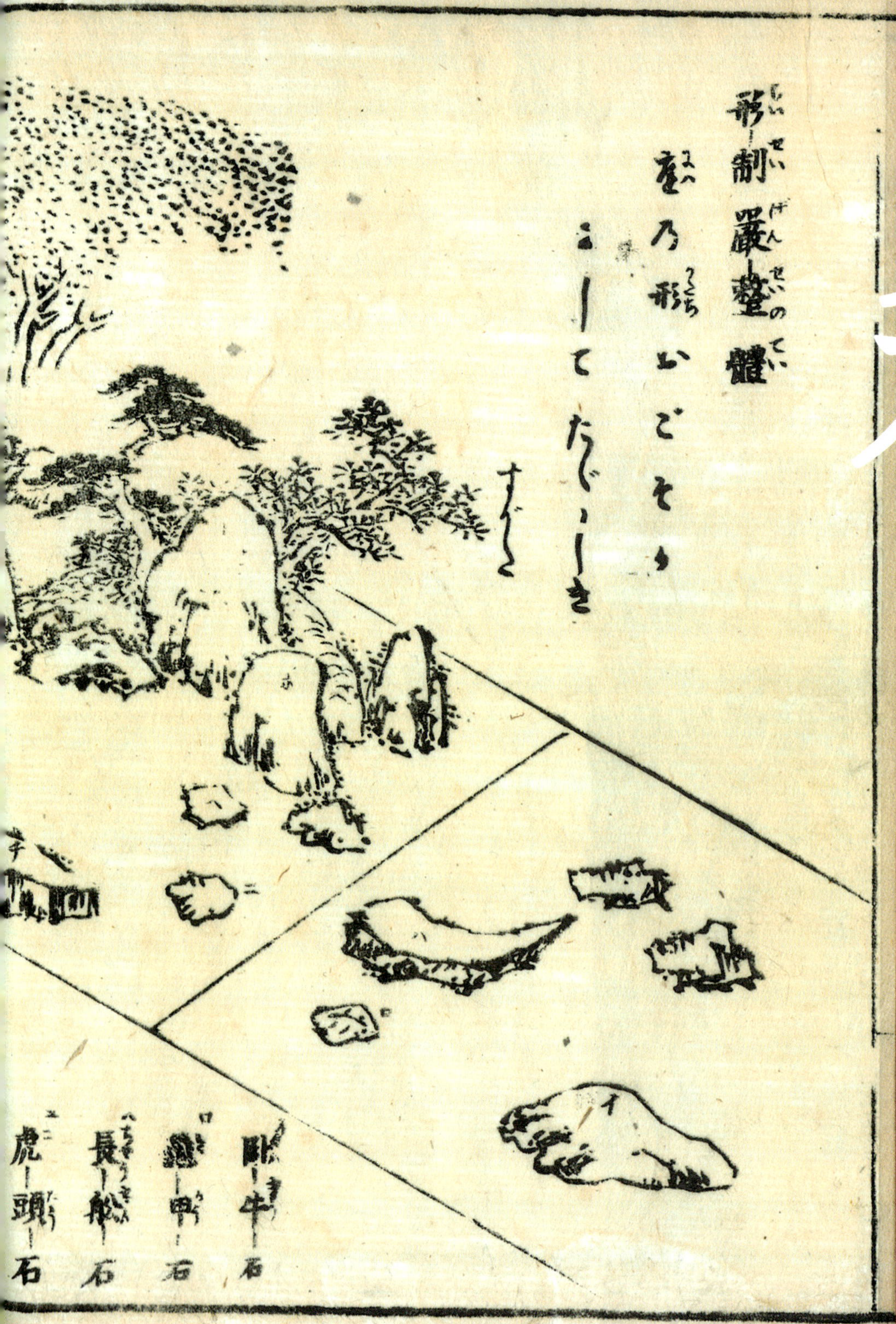

秋

秋のお庭にお出掛け下さい。葉は緑の色素と共に力を失います。そして枝にしがみ付こうとする手が離れるかのように、苔の上に舞い散ります。儚さや物悲しさが背景にあるからこそ、紅葉は艶やかに輝きます。

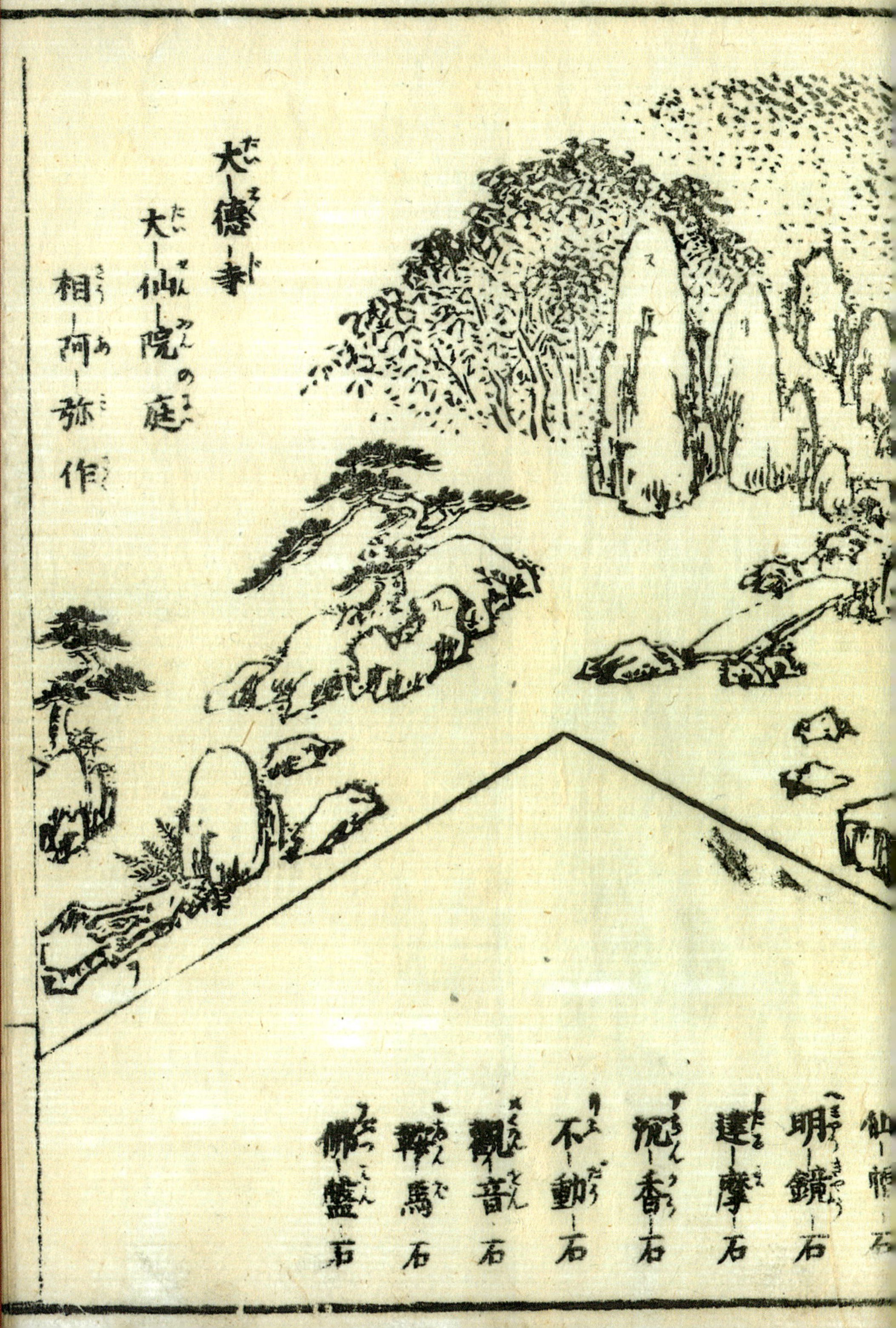

築山庭造伝「大徳寺大仙院庭」(小川勝章蔵)

◉

無鄰菴《むりんあん》

最大のトリックは、見えない池を感じさせることです

七代目小川治兵衛の作庭の中でも有名な無鄰菴(京都市左京区)です。

今は多くの方が訪れる庭園ですが、かつては明治の元勲山縣有朋公の私的な別荘庭園でした。庭には多彩な表情がありますが、まずは母屋の床の間付近から、正面の顔を見てほしい。モミジや松の枝ぶりの向こうに東山が見え、庭園の奥行きを感じます。開国を経て、世界に目を向けた明治の時代背景が表れているように思いませんか。

作庭で山縣の注文は多かったようですね。

三つあったと聞いています。一つ目は、松が中心とされていた庭の木に桧《ひのき》や樅《もみ》の木、杉を使うこと。さまざまな種類の庭の木々が、グループ状に空間を構成しています。幕末に刊行された「花洛名勝図会」を見ると、南禅寺周辺は松が多かった。だから無鄰菴ならではの使い方をしたのでしょう。洋館もあるため、広葉杉《ざん》など和と洋に合う木を配してあります。

据えられた大きな石は、見る人の視線を誘導する。より広大な敷地にいるように思わせる技術だという

後の二つは、明るい芝生の空間をつくることと琵琶湖疏水の水を使うこと。今でこそ珍しくはありませんが、当時芝生を使うことは勇気が必要でした。何か植えれば安心する中央をあえて空けるのです。ポイントは日本の芝生を使った点です。西洋の芝生は年中緑色ですが、日本芝は秋冬に茶色くなる。枯れたように見える芝生の色を受け入れたのは、日本人が実りを迎えた稲穂の色に独特の郷愁を感じるからではないでしょうか。

明治二十三年に完成した琵琶湖疏水を使えたことは画期的でした。

水は庭園の表現に幅を与えます。水が流れ出る『滝口』では三段になって水が落ちていく。限られた敷地では、一本で滝を流すより、三本流すと幅が出て水量も三倍あるかのように見えます。池を見て下さい。深い池は庭が狭く見えますが、この池は浅く作られ、空が映り込み広く見える。池の形は琵琶湖を連想させます。これだけ立派な池なのに、実は床の間付近に座ると見えません。見せたい池をあえてそうしているところに奥ゆかしさを感じます。

庭園奥の「三段落ちの滝」。滝口を三段に分けることで、空間と水量の多さを表現している

不思議です。確かに座った目線では池は見えませんね。なぜ七代目はそのようにしつらえたのでしょうか。

それがこの庭の最大のトリックで大事なところです。然るべき所から、池をしっかりと見せることは、古今を問わず作庭の定石です。しかし、この床の間付近からは滝もほとんど見えません。滝と池といったメインにしたい部分をあえて見えなくしたことは、それまでの作庭とは一線を画しています。

自分の家の庭であれば、池の形はよく知っているわけです。部屋のすぐ目の前には川の水があり、その音が池を連想させます。水の気配を感じながら座っていると、見えない方がかえって池を感じることがあったのかもしれない。太陽が水面を照らし、揺れる気配も感じられる。池を見なくても感じられるような庭を作り、あえて芝生の起伏で包み込んだような庭になっています。無鄰菴の庭は、何が主役かと問われますが、見えない物を感じさせることが一番の主役ではないでしょうか。自然そのものである水や光などを先祖は伝えたかったのだと思います。

建物から庭を眺めていると、のんびりずっと見ていたい感覚にとらわれますね。

立地としては借景とする東山から若干離れています。入り口は大きな通りではなく、あえて細い道に面してしつらえています。入ってすぐ右には灯籠があるのですが、控え目であまり気づかない。入るとすぐに建物があり、山との距離を保っています。建物の中には、坪庭があります。山縣公は玄関から入ってきたでしょう。建具が入っていたであろう当時の部屋の姿を想像してみます。竹が揺れるこの坪庭だけでもずっと見ていられる。風が見え、葉を透かした太陽が見え、雨が降ればそれもまた見える。自然が目に見える坪庭です。

先祖はいろいろ苦労したと思います。ぼーとして、うとうと眠れるお庭を実際に作ろうと思ってもなかなか作れません。広がる芝生の部分にはやはり何か植えたいと考えます。でもやりたいのに我慢したのかなとも感じます。傾斜している赤松が樹木における主役に見えますが、私にはそれだけでないと思える。かつては池の両側を含めて植えられた松が一体となり、当時赤松林であった東山までつながる景色を作っていたのではないかと想像します。

庭の中には茶室もあります。芝生の部分と何となく庭の雰囲気が違っていますね。

芝生の部分は雄大な庭を表し、茶室のための庭とは違います。普通、茶庭は生け垣や竹垣で囲って、別世界をしつらえることが多いですね。ですが、無鄰菴の場合、開放的にしているのです。大きな庭の中に茶室がたたずんでいる雰囲気でもある。中央部分の川が結界になっていて、石橋を渡ると茶室の露地へと変わってきます。川を

池はあえて全貌が見えないように、芝生の起伏に包み込まれている

越えた茶室の前は芝生ではなく、グラウンドカバーが苔に変わっています。それが心を落ち着かせる。目に見える囲いではなく、あえて水や苔で違う世界を作り出しているのです。

庭を歩くと、石と水と芝生と苔、さまざまな空間が楽しめます。

お庭の中では、水を渡るアトラクションをいくつか試みているのが、分かりますでしょうか。また、庭の中央北側には、大きな石が据えてあるのが気になると思います。私の父の十一代・小川治兵衛からこの石についての話を聞きました。父が言うには、この石は視覚修正だということです。曲がって敷地が狭くなっていく部分にこの石があることで目線を止めてしまい、先の空間につなげているのです。ただいわゆる七代目らしい石の仕上げには見えない部分もあります。ともすれば築山のラインを整えるとか、石や低木を整えるとか、先祖はもう少しやりたいことがあったのではとも考えます。池の護岸も見てみましょう。洗練されているわけではないですが、得も言われない感覚があります。決して堅苦しくなく、乱れてもいない。夢窓国師による天龍寺の護岸は美的均衡に優れ、小堀遠州による二条城二の丸庭園の護岸は見た目にも堅牢さが伝わります。その真逆とは言いませんが、遊びの部分もうまく表現している護岸だと思います。

滝口から振り返ったとき視線が母屋からの視線と交差する

これだけの素晴らしい庭の主人となったらどんな感じがするでしょうね。

庭園の散策には春や秋が多いで

「七代目の仕事に触れると、当たり前に思っていた作庭の中にいろんな試行錯誤や葛藤が詰まっていることに気付かされます」

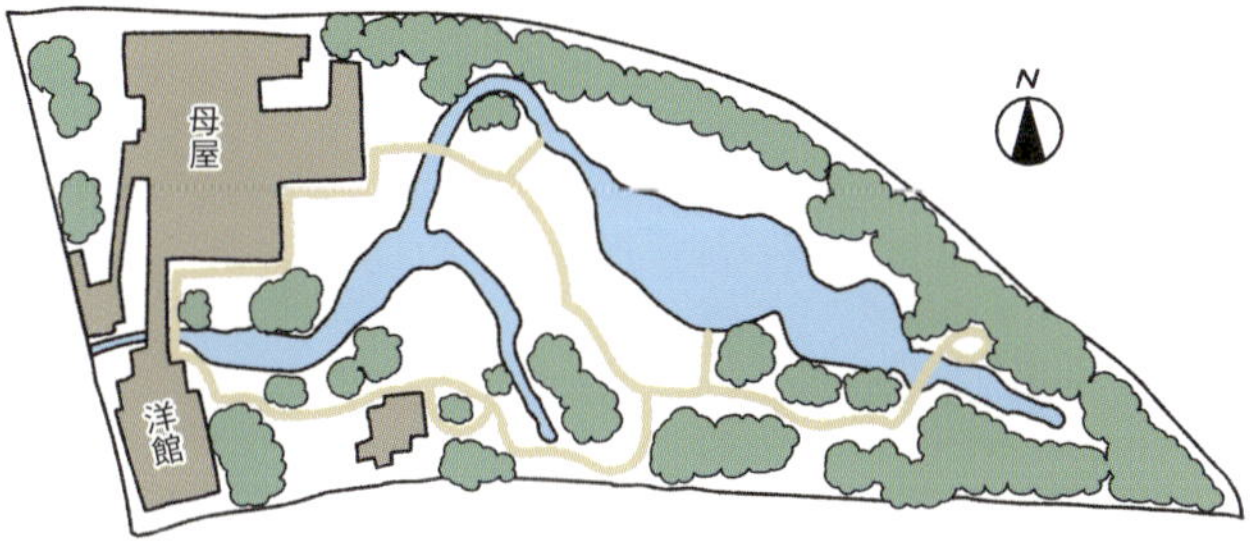

すが、無鄰菴は夏もよいですね。木陰があり、水の流れる音があり、風を感じることもできる。山縣公は、東京の高台に構えた椿山荘では、朝起きて茶室や居間で新聞を読んでいたそうです。きっと庭を回遊せずとも、庭がそばにあるだけで、ゆったりと過ごせたのでしょう。紅葉の時期は、モミジの色合いだけに目を奪われがちですが、この庭には落葉後もいろんな季節に足を運んでみたい。作庭家として、もう一度訪れたいと思ってもらえる庭をつくりたいものです。

無鄰菴

山縣有朋の別荘として1896(明治29)年に完成。国の名勝となっている庭園は七代目小川治兵衛が作庭した。敷地内には1903(明治36)年に伊藤博文や桂太郎、小村寿太郎と日露戦争前の外交方針を相談した無鄰菴会議を開いた洋館もある。

京都市左京区南禅寺草川町
☎075(771)3909
地下鉄東西線 蹴上駅より徒歩約7分

圓徳院《えんとくいん》

居並ぶ
御仏のような石組に
思わず息をのみます

豊臣秀吉の妻ねねゆかりの高台寺塔頭の圓徳院（京都市東山区）です。北山安夫さんが整備された美しい枯山水です。

南庭は白砂を大海に、築山を大地に見立てる枯山水ですが、こちらの庭で、心を落ち着けて向き合うと、寄せては返す波の音が聞こえる気がします。庭の奥には穏やかに見え、荒々しくも感じられる石が組まれ、敷き並べられている。日本庭園の意匠で、なだらかな

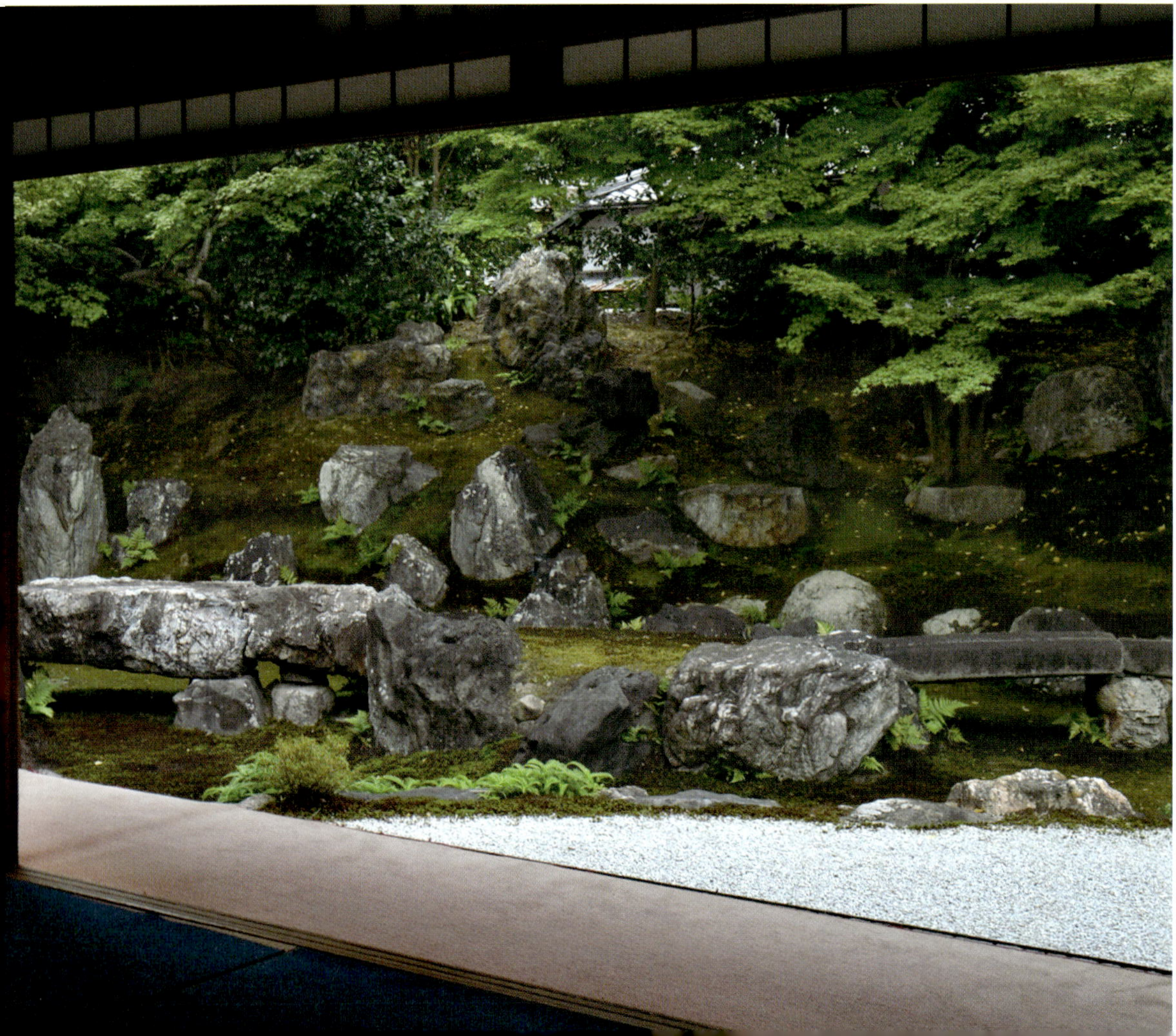

海岸線を思わせる池泉の汀線《ていせん》を「洲浜《すはま》」、荒波が打ち寄せる磯浜を思わせる石の配し方を「荒磯《ありそ》」といいます。配石から、そうした大切な手法の面影を感じるとともに、枯山水の枠を超えた自然の情景を思い起こします。白砂に落ちる木々の影が、まるで水面に映り込むようです。

賢庭作で小堀遠州が手を加えたとされる北書院前の北庭は巨石が多く、桃山時代を感じさせます。

書院は、襖《ふすま》が外されて三部屋がつながった状態になっており、多

「石組が御仏のお姿に重なって見えます」

多くの巨石が据えられた北庭。安土桃山時代の特徴を表し、紅葉の時期はさらに美しさを増す

「築山に囲まれていますが、据えられた石一つ一つもオーラが強く、それぞれも山に見えます」

様な場所から奥行きをもって庭を見ることができます。各部屋の床の間の前に座って正面を見て下さい。石組《いしぐみ》が、庭園や私たちを守護して下さる三尊石として浮かび上がります。御仏がたくさんいらっしゃる気がして思わず息をのみ、動けなくなるほどです。水のない池から教えられることは多いものです。水に浸《つ》かっていると見えない石組が分かったり、穏やかに見えている石が、実は下の方で険しい組み方をしていたりといった工夫を間近に見ることができます。

紅葉の時季に向け、高台寺と圓徳院では夜間ライトアップを実施しています。

夜に庭とどう向き合うか、先駆的な取り組みを続けておられます。夜の明かりは、人の心を引き付けます。例えば月明かりは心をふわっと包み込むこともあれば、研ぎ澄ますこともある。ライトアップ

北庭で水のない池にかかる橋が目を引く。宝塔の笠を利用した「桧垣の手水（ちょうず）鉢」なども見どころ

白砂による枯山水の世界が広がる方丈前の南庭

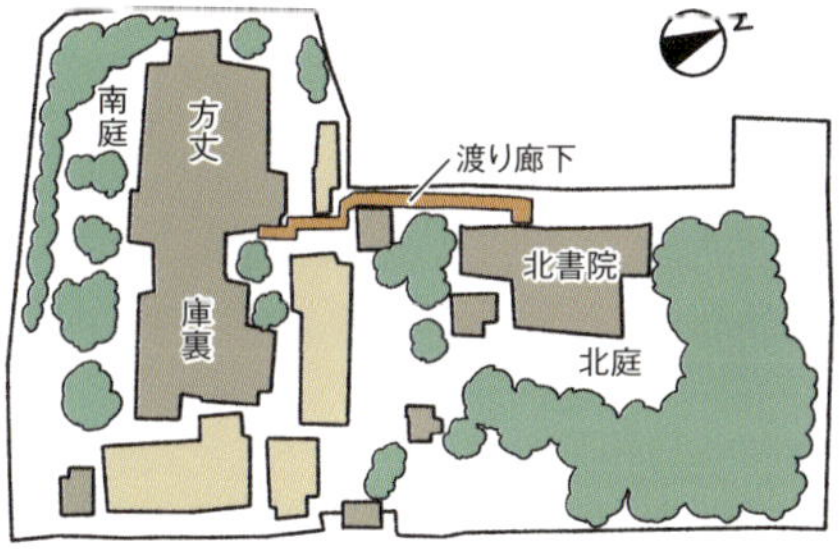

圓徳院

豊臣秀吉の妻ねね（北政所）が晩年を過ごした場所。木下家の菩提寺として開かれた。国の名勝の北庭は、伏見城北政所化粧御殿の前庭を移したと伝わる。

京都市東山区高台寺下河原町
☎075(525)0101
市バス「東山安井」より徒歩5分

の明かりで生み出された光景に人はハッとし、喜びを覚えます。その情景が心にしみ渡るものだからかもしれません。

この時期、夜だけ訪れる人もいますが、いとおしく感じた枝ぶりや石組に、時間帯を変えて出会いに行くのもいいでしょう。庭師北山さんに、庭は常に向き合い続け、伝え続けないと成り立たないとうかがいました。長い時間をかけて庭を育み、尊い思いをかけて残していくことの大切さをあらためて感じます。

松花堂庭園《しょうかどうていえん》

特別に用意された飛石に正客への敬いを感じます

書院庭園にあるL字型の腰掛待合。奥にある正客が座る場所の足元の石はわずかに高く据えてある

風雅を愛した文化人・松花堂昭乗ゆかりの松花堂庭園（京都府八幡市）は、落ち着いた雰囲気で住民に親しまれています。

地元の方々には誇るべき人物であり、庭園は地域の要となっている場所です。入り口から多彩な竹が見られ、順路後半には多種の椿《つばき》がそろえられています。竹垣の種類も豊富で、庭園のくくりを超えて植物園や美術館のようでもあります。

「松竹梅」を冠した茶室があります。まず「梅隠《ばいいん》」から。

今回は特に庭の飛石《とびいし》を中心に見てみましょう。広い散策路を抜けると、囲われた空間である露地（茶室の庭）が現れ、飛石が導くように茶席へといざないます。露地の「腰掛待合《こしかけまちあい》」に座って眺めると飛石の配列がとても美しい。それだけでなく、正客（主賓）への敬いの心も込められています。腰掛待

飛石に導かれて、足は自然と建物から建物へと向かう

茶室「梅隠」の露地。飛石が茶席へといざなう

竹林が美しい順路前半で。「『都林泉名勝図会』に描かれた当時も今も松花堂は大切な文化サロンです」

合の足元には三本の切石が据えられていますが、正客が座る場所にだけ特別な石があり、一段高くなっているのです。立って茶室へ歩く際には、正客しか踏まない石が一つ二つ据えてあります。これだけ多くの飛石がある中で、正客を大切にしている配慮が感じられるのです。

そうでしたか。よく見ないと分からない心配りですね。

飛石は歩くことが前提ですが、見た目が美しくなければいけません。機能と意匠の両面の観点がある。歩く際には、足元の飛石を確かめながら、歩く先を見据えるものです。不安定な飛石だと歩く際に足元がおぼつかない。こちらの庭の飛石は両方に意識が行き届いている。優れた飛石はバランスがとれていて心地よく歩けるのです。

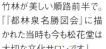

木々の間にかやぶき屋根が美しい草庵「松花堂」がたたずむ。多彩な灯籠や手水鉢も見どころ

「松隠《しょういん》」や「竹隠《ちくいん》」でも同様の心遣いを感じますね。

そうですね。腰掛待合を立つときに、正客のほかの客人はそれぞれどの飛石を踏むか、いくつかの選択肢が生まれる場合もあり、楽しめます。松隠には、小堀遠州ゆかりの孤篷庵《こほうあん》（京都市北区）にある中国の古銭をモチーフにした「布《ふ》泉《せん》の手水《ちょうず》鉢」があり、交流があった昭乗とのえにしを感じさせます。

かやぶきの屋根が美しい松花堂の草庵です。

屋根がふき替えられたばかりで、新しい息吹がふきこまれたようです。周囲には手水鉢や灯籠の数が多いのが特徴でそれだけを見ていくのも面白い。草庵は生活をしていたとは思えないほど、不要なものをそぎ落とした美しさの中に味わいや趣が凝縮されていながら、それがあふれ出ている究極の空間でしょう。ほかの庭もそうあるべきだと思います。いろんなことを教えていただける場所であり、ぜひ石清水八幡宮とともに訪れてほしいですね。

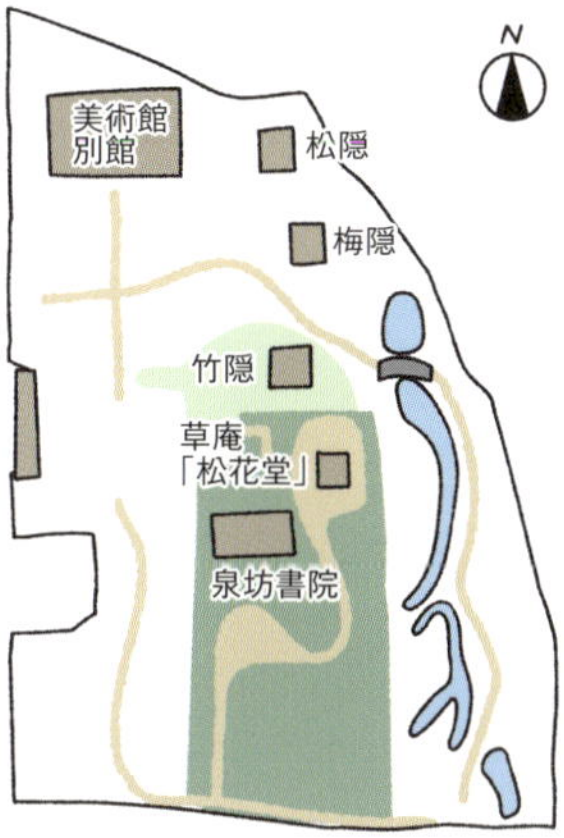

松花堂庭園

松花堂昭乗は、石清水八幡宮の社僧で茶の湯や書画に秀でた江戸初期の文化人。特に書に優れ、近衛信尹、本阿弥光悦と共に「寛永の三筆」と称された。昭乗ゆかりの草庵「松花堂」を現在地に移築している。「松花堂及び書院庭園」は国の名勝。内園の松花堂とその周辺は国史跡。美術館併設。

京都府八幡市八幡女郎花
☎075(981)0010
京阪 八幡市駅からバスで約10分

「松隠」の沓脱石。高低差がある意匠だが、安全性もしっかり配慮されている

◉祇王寺《ぎおうじ》

木々の姿が、祇王たちの舞姿に重なる気がします

紅葉の時季は、一面に広がる緑の苔《こけ》と赤いモミジに引き付けられます。

一度会うとまた会いたくなる人がいるように、何度も訪れたくなる庭です。祇王寺は、モミジの幹肌にそれぞれ表情があり、上に伸びていく木々の縦ラインのシルエットが際立ち、特徴的です。優雅に見えながらもどこか哀愁が漂う。紅葉は、少し緑、赤、黄がまじった時季と赤がメインとなる時季がある。落葉する前は視線は上に向きますが、次第に下がって「散り紅葉《もみじ》」を見るようになる。時季によって視線を上下させて紅葉を楽しめるので、秋の中でも何度か足を運ぶことができれば幸せですね。

平家物語では祇王や祇女の悲話も伝わっています。

庭にある物が御仏に見えたり、人の面影を感じることが多々あります。この庭は木々が人の姿に見える。庭の面影は当時と異なるのかもしれませんが、平家物語を読んでから訪れると、祇王や祇女、仏御前が今様《いまよう》を舞っている姿と重なる気がするのです。木漏れ日がまるでスポットライトのように木々を浮かび上がらせます。

祇王寺といえばやはり苔とモミジの色合いですね。

モミジをより美しく見せているのが魅力的な苔の起伏です。境内にはさまざまな種類の苔が展示されていますが、この庭の苔には独特の表情があります。大地が表現されている。意図してできるものではなく、時間の流れを感じます。紅葉と苔の取り合わせは日本人にとってこの上ない。夏までの緑と

「祇王寺の庭園は、竹林に守られるかのようですね」

緑の苔が一面に広がる庭園。舞うように上へと伸びるモミジの木々が印象的だ

緑の色合いが、徐々に緑と色づいた葉の対比になる。夏には緑のキャンバスだったのが、一面が赤と黄色の散り紅葉になると、今度は逆に緑の苔がアクセントになる。庭の周囲の竹林との関係もポイントです。木々が落葉すると枝ぶりのシルエットが映えるので、ぜひ冬場も訪れてほしいです。

紅葉のシーズンに庭を見て感じることは多いですね。

静寂の中では鳥の声や虫の音も庭を引き立ててくれます。赤く色づく木々の枝葉を見ながら、「まだ落ちないで」と思うのはこの時期独特の感情です。葉っぱとすれば、一生を終える間際の美しさ、最後の輝きなのです。だからこそ艶《つや》やかさと切なさが共鳴するのかもしれません。

上／赤く染まった紅葉を求め、シーズンには観光客でにぎわう。「平家物語」の祇王の悲恋に思いをはせる人も多い
下／緑の苔の上に赤や黄色の葉がはらはらと舞い落ちる

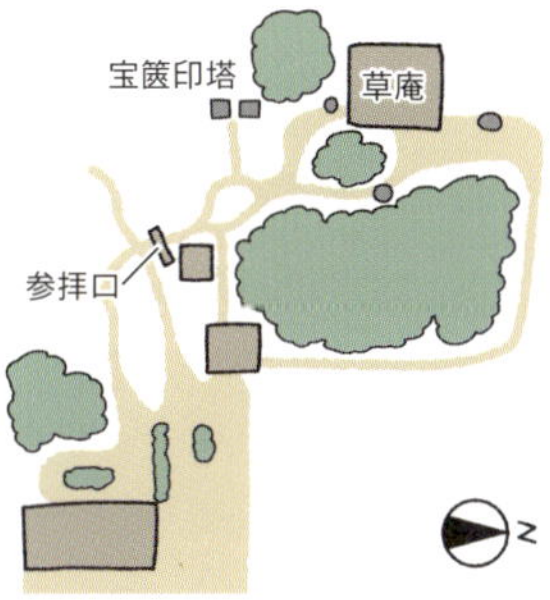

祇王寺

真言宗大覚寺派。法然の弟子良鎮が創建した往生院跡とされる。庵には平清盛、祇王と妹の祇女、母の刀自、後から身を寄せた仏御前の木像を安置している。境内に祇王らの墓とされる宝篋(ほうきょう)印塔もある。

京都市右京区嵯峨鳥居本小坂
☎075(861)3574
市バス「嵯峨釈迦堂前」より徒歩15分

「1カ所だけでなく、周囲のいろいろな場所から見たくなる。モミジの枝ぶりも一本ずつ大切に見てほしい」

東福寺《とうふくじ》

もし
この庭がなかったら…。
日本庭園の
表現を広げた庭です

国指定名勝 本坊庭園は昭和を代表する作庭家・故重森三玲氏が手がけました。

方丈前の南庭は雄大な枯山水庭園が広がります。枯山水では苔の築山の上に石を据えることが多い。ところが、この庭は正面から見ると東側に石が据えられ、西側に苔の築山があります。石だけを見れば、蓬莱《ほうらい》神仙思想における四仙島を表した大きな石と小さな石が引き立て合っている。見る場所や天候によっても石の表情は移ろいます。空間は広いのですが、苔の前から石を見たり、石の前から苔を意識してほしい。双方が重ね合わさるような感覚が生まれ、石と築山のつながりを感じられます。

目線を上げると、本堂の大きな屋根が見えますが、庭の石は力量では負けないほど存在感を際立たせています。逆に目線を下に向けると、枯山水にしつらえた波の文様が外側へ広がるようにも、渦潮

方丈前に広がる南庭。方丈正面からは本堂や恩賜門と一体化した景色として雄大な広がりが感じられる

のごとく内側へ吸い込まれるようにも思える。目線を変えると、庭園への印象やスケール感が違って見える。本堂を借景にできるほどの庭はなかなかありません。借景を考えるときには山や自然だけでなく、建物も重要なのです。

「井田《せいでん》市松」と呼ばれる四角形の刈り込みが美しい西庭です。

今でこそ日本庭園に四角い刈り込みなどのストレートなラインを組み合わせることに特異性はなくなっていますが、西庭のデザインはいまだに斬新であり続けています。四角い文様が引き立つのも、築山や屋根の柔らかな曲線のラインがあるからこそ。それを対比させたところに力を感じます。

北庭は、敷石と苔が織り成す幾何学的な市松模様で知られています。

北庭の背後は渓谷になっています。借景庭園は背景がメインになりがちで、多くの人も庭と背後の渓谷を結びつけると思います。普通は渓谷のスケールが大きすぎて存在感を譲ってしまいますが、この庭は目線を地面にくぎ付けにする力を持っている。紅葉をめでる際には目線がやや上がり遠くにいくものですが、モミジを望むための借景庭園を構想するであろうところを、地面に確固たる世界を表現しているのです。

着物の柄などに用いられていた市松の文様を庭へ斬新に取り入れました。もしこの庭がなかったら、日本庭園の可能性や表現の幅そのものが随分狭まっていたかもしれません。一方で、この庭から湧き出るデザイン性や世界観を顧みることなく、うわべのみを模倣してアレンジする庭も出てくるようになりました。それほどに、この庭が表現した可能性と投じた一石は大きかったと思います。

苔の緑と敷石のグレーが織り成す市松模様が美しい北庭

北斗七星をなぞらえた東庭「北斗の庭」。庭園に宇宙が表現される

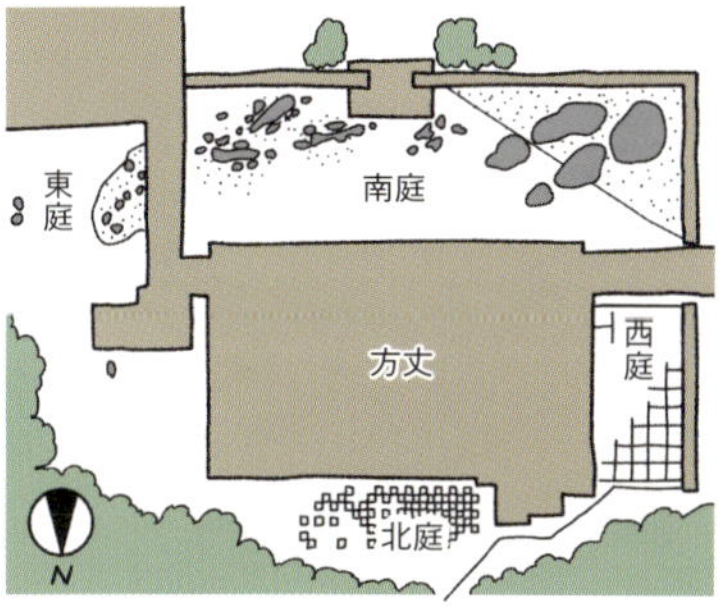

四角い刈り込みが特徴的な西庭。「井田市松」と称される

東福寺

臨済宗東福寺派大本山。京都五山の一つ。室町時代に建築された日本最古の三門(国宝、通常内部非公開)など多くの文化財を擁する。国指定名勝本坊庭園は、方丈の東西南北に趣の違った庭を作庭家・重森三玲が1939(昭和14)年に完成させた。

京都市東山区本町
☎075(561)0087
JR、京阪 東福寺駅より徒歩10分
または京阪 鳥羽街道駅より徒歩8分

通天橋を望む通天台から。「渓谷の洗玉澗(せんぎょくかん)は『花洛名勝図会』などにも描かれている紅葉の名所です」

◉だいせんいん

大仙院

水のない庭に滝や海を表現、今回のテーマは「見立て」です

水を使わず、石や砂で水の流れを表す「枯山水《かれさんすい》庭園」で知られる大仙院（京都市北区）にやってきました。

今回は庭の「見立て」がテーマです。庭園は方丈（本堂）の周りを囲み、深山の滝から流れる水が川筋になり、大河から大海へ注ぐ様子を石と白砂で表しています。方丈の北東の角から眺めると、東側の石庭（書院庭園）は石のバランスが実に巧みです。庭の角地に滝が流れ出る様子を表した枯滝《かれたき》石組があり、据えられた大きな立石から荒々しさが伝わります。橋の付近で、自分が小さくなったと仮定して座って見上げてはいかがでしょう。石がそびえたつ険しい山々のように見えてきます。自分の縮尺の変化によって違った感覚を感じ取れます。

滝から水が流れ出るようで雄大です。水墨画の中にいるようですね。

実際は水のない庭ですが、白砂で水を表現し、石を山、築山を大陸ととらえている。一つの事象から違う感覚を得る日本人独特の「見立て」の感性による庭園の表現です。方丈を囲う庭はそれぞれ完結しているように見えますが、白砂の流れは全てつながっている。方丈北側から東へ目を向け、白砂の流れに着目して下さい。南側への支流と西側への支流とで、白砂の流れる様子を変えてあり、風情が異なります。

渡り廊下を境に大河のような空間になります。据えている石が特徴的ですね。船のような石もあります。

ほとんどの石に名前が付いており、江戸時代の作庭書「築山庭造伝」

等身大の視点で向き合えば、窓越しに石そのものが持つ力を感じられる

枯滝から流れ出した白砂は大きな石をぬって橋をくぐり、うねった川のように続いていく

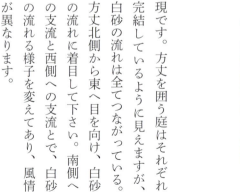

石の上に
あがらないで
下さい

などにも掲載されています。深山のような枯滝では大きな観音石と不動石が庭の要。虎頭石は、その名で想像できる通り虎の頭のよう。大河となった石庭には宝舟と亀の形をした石があります。舟が浮かび、亀が泳ぐ様を表していて、釣舟石や長船石、亀甲石と称されています。石に名前があると、庭園を解釈する幅がより豊かになります。

南側の方丈前庭は石や砂が一面に広がり、大海原へと変化を感じさせます。

滝口の観音石から少しずつ流れてきた水がやがて大海になる、地球の営みを表す庭といえます。前庭を見て宇宙や雲と感じる人もいるでしょう。「見立て」は人間の大事な発想で、物の見方を豊かにしてくれる。それは、日本の庭園に如実に表れています。ただ白砂を敷きならしただけでは枯山水とはいえません。庭園を訪れたとき、見立てることを念頭に置いて庭を鑑賞すると、さまざまな側面が見えてくるはずです。

方丈北側から東側の枯滝へ目を向ける。白砂の美しい流れは全ての庭へとつながっている

大河から大海原となった方丈前庭。「枯山水の庭では水を表現する先人の苦心がしのばれますが、水以上に水を象徴しています」

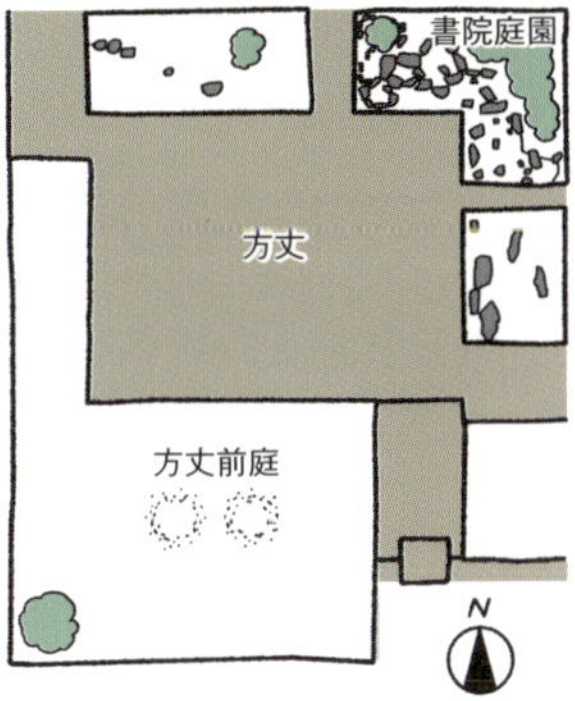

流れは、渡り廊下を境に大河へと姿を変える。大きな船と泳ぐ亀に見立てた石が現れた

大仙院

大徳寺の塔頭の一つで1509年に古岳宗亘禅師が創建。室町時代を代表する枯山水庭園は同禅師が手がけたと伝わる。庭園は国の名勝。書院庭園は国の史跡、特別名勝。方丈は国宝。

京都市北区紫野大徳寺町
☎075(491)8346
市バス「大徳寺前」より徒歩8分

源光庵《げんこうあん》

一年を振り返るきっかけをいただいた気がします

小雪がちらつく源光庵(京都市北区)にやってきました。四角形の「迷いの窓」と円形の「悟りの窓」の向こうに厳かな冬の庭が広がります。

窓や門、襖《ふすま》は内と外を隔てるものでありながら、つなぐものでもある。必然的に窓の前は庭を眺めるポイントとなります。源光庵では四角い窓の隣に円い窓がありますが、普段見慣れている四角い窓ですが、こうして対比されると不思議な心持ちになります。一つずつ見る場合と二つを同時に見る場合では印象も変わる。日常、四角い窓の前で自身を振り返る機会は少

「迷いの窓」越しに見る庭

ないですが、師走に訪れ、人間の生涯を表す「迷いの窓」の前に座ると、一年を振り返るきっかけをいただいた気がします。

「悟りの窓」から見る庭は、紅葉の人気スポットです。

円い窓の前では不思議と座る時間が長くなります。少し角度を変えて庭を見ると、全く異なる表情にも出会える。庭にはさまざまな手法があります。借景の庭では視野を広げ、坪庭では集約していく。ここでは、円窓の中に風景が集約されていくように思えますが、窓の向こうに借景の山へ向かって世界が広がっていくようにも見える。両方が成立している点が素晴らしい。落葉とともに、庭の視野は開け、後ろに山が見えてくる。落葉樹の存在のありがたさを感じる一方で、背景の山の常緑樹も庭の風景に参加していたことに気付きます。

「悟りの窓」越しに見る庭

「本堂前の敷石のラインが意匠的に面白い。大胆に角度をつけて、日本庭園の中に独特のリズムを生み出しています」

窓越しに見る庭はまるで額縁にはめたようですね。

人の記憶は、三次元の庭園を二次元のものとして留めます。印象的な景色はどこかに窓や門、建物があるものです。造形物の人工的に作られた直線と樹木の枝ぶりなどの自然の形を対比させると双方が際立ち、印象的な景色として頭に残ります。源光庵では窓がフレームとなり、よりよく庭を見せるという相互関係が成り立っているのです。

書院に移ると、窓から見た庭と変わり、視界が開けます。

ここから、亀の形をした庭園の中の島を見ることができます。とてもかわいらしく、散り紅葉が多いときには、まるで亀が彩りの中を泳いでいるように見えます。床の間からは、亀と北山がよく見渡せ、冬ならではの景色の尊さにあらためて気付かされます。

円い「悟りの窓」(左)と四角い「迷いの窓」を額縁のようにして庭を見る。窓の向こうに広がる世界を感じ、印象に残る

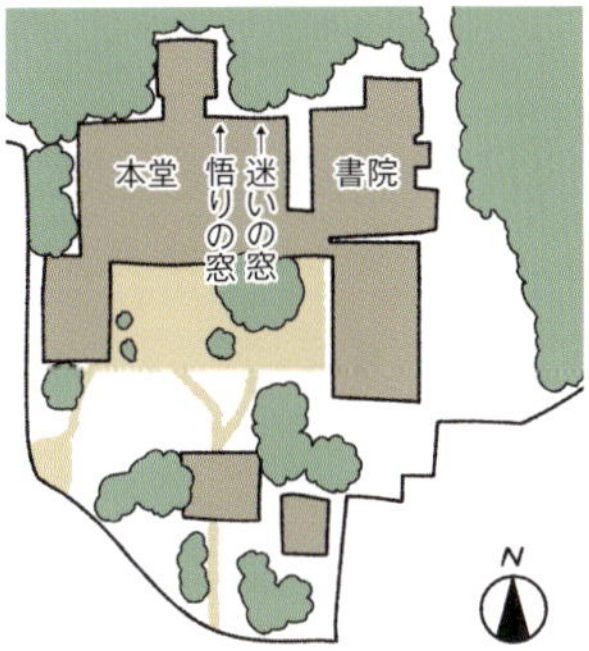

源光庵

大徳寺の僧侶徹翁義亨(てっとうぎこう)が1346年に開創し、江戸期に卍山道白(まんざんどうはく)が再興した際に曹洞宗になった。本堂の「血天井」は伏見城の遺構で、落城時に徳川家臣の鳥居元忠らが自刃した床の板が使われている。

京都市北区鷹峯北鷹峯町
☎075(492)1858
市バス「鷹峯源光庵前」より徒歩1分

火灯窓(花頭窓)越しに見る庭

霜が降り、うっすらと白くなった庭を書院から眺める。亀を模した中の島(右奥)と北山の風景が調和している

滋賀院門跡《しがいんもんぜき》

どこから見ても不思議と同じ表情の庭に見えます

坂本の里坊の朝は雰囲気が格別です。滋賀院門跡（滋賀県大津市）の前は迫力ある石垣が続きます。

山坊の厳しさに対し、里坊は穏やかさが漂います。比叡山からの水が多くの里坊の庭に染み渡る坂本は、町自体が一つの庭のように思えます。とりわけ、天台座主の里坊でもあった滋賀院の石垣と門は気高さが違う。ぜひ、この石積みをご覧いただきたい。有名な「穴太衆《あのうしゅう》積み」の石垣は、石工集団の穴太衆が築城に腕を振るった時代がイメージできます。表面よりも奥で大きな石をかみ合わせています。そうすることによって堅固で安定するだけでなく、雨水の流入を防ぎ、侵入者が足をかけにくくなります。

石の裏側には拳ほどの石を詰め

流れ落ちる滝の水と石橋が心地よくつながって映る

て排水機能を高め、地震の揺れをやわらげる。目に見えない部分のメカニズムが優れています。当方のスタッフが穴太衆積みを学んだ際、「現在の城が四百年以上残っている。これから作る石積みもそうでないといけない」という気概を感じたと申していました。

大きな池が印象的な南北に長く広がる庭です。

宸殿《しんでん》には部屋がいくつかあり、一つ一つの部屋から見てそれぞれ庭が成立します。不思議なのは、目の前の樹木や灯籠が変わっても北側と南側から望む庭の表情は、何となく同じように見えることです。それは据えられた石に特徴があるからです。

　立てて据えた石には角張った面があります。右側と左側の面はそれぞれ表情が全く違う。それでも同じ感じがするのは、どちらからでも対応できる多面を持つ石を用いているからです。石の面の角度を見る人の視線にあてている。庭への向き合い方を石が導いてくれているのです。

確かに不思議な感覚ですね。

　ワイドに広がる庭は、全体を見ても部屋の中から一部を見ても成立します。この庭では、立てた石を南北に見つめながら歩き続けると、真ん中で石の表情がうつろい、端に着くとまた同じような感覚に戻ります。舟着石も南北にある。左右非対称でありながら、左右に同じ雰囲気を漂わせる安心感がある。庭園が終わるとともに、そこ

外側には穴太積みの美しい石垣と白い塀が続く

南側から北側を望んだ庭園。色づいた葉が水面に映る。立てて据えた石は多面を持つものを用いている

長さ約5メートルの石橋を前に。「庭の中央にまっすぐな石を置くと庭が寸断されることもあるが、逆に橋があってこそ引き締まっている」

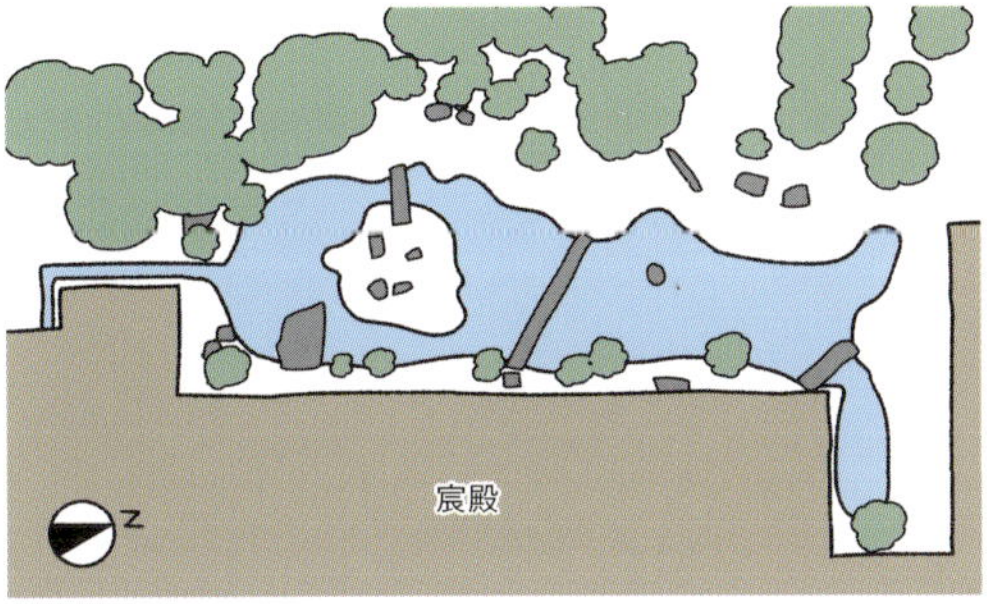

から始まっているのかもしれません。

滝の音が響く心落ち着く庭ですね。

モミジやイチョウ、桜なども見える。樹齢を重ねた木々のたたずまいが、心を比叡山へといざないます。部屋からまっすぐ見た庭は緑が多く感じますが、部屋の外で少し目線を上げると、秋は紅葉などの違った景色を見られる。さらに延暦寺やその先まで続いていくような感覚を抱かせます。雨の日もまた美しい。石に艶が出て、水面に波紋が広がり、より心が静まる庭となります。

滋賀院門跡

天台宗の寺院で延暦寺里坊の中心となっている。京都の法勝寺を慈眼大師天海が江戸初期に現在地に移した。代々の天台座主の居所でもあった。庭園は小堀遠州の作と伝わり、国の名勝。

滋賀県大津市坂本
☎077(578)0130
京阪 坂本駅より徒歩10分

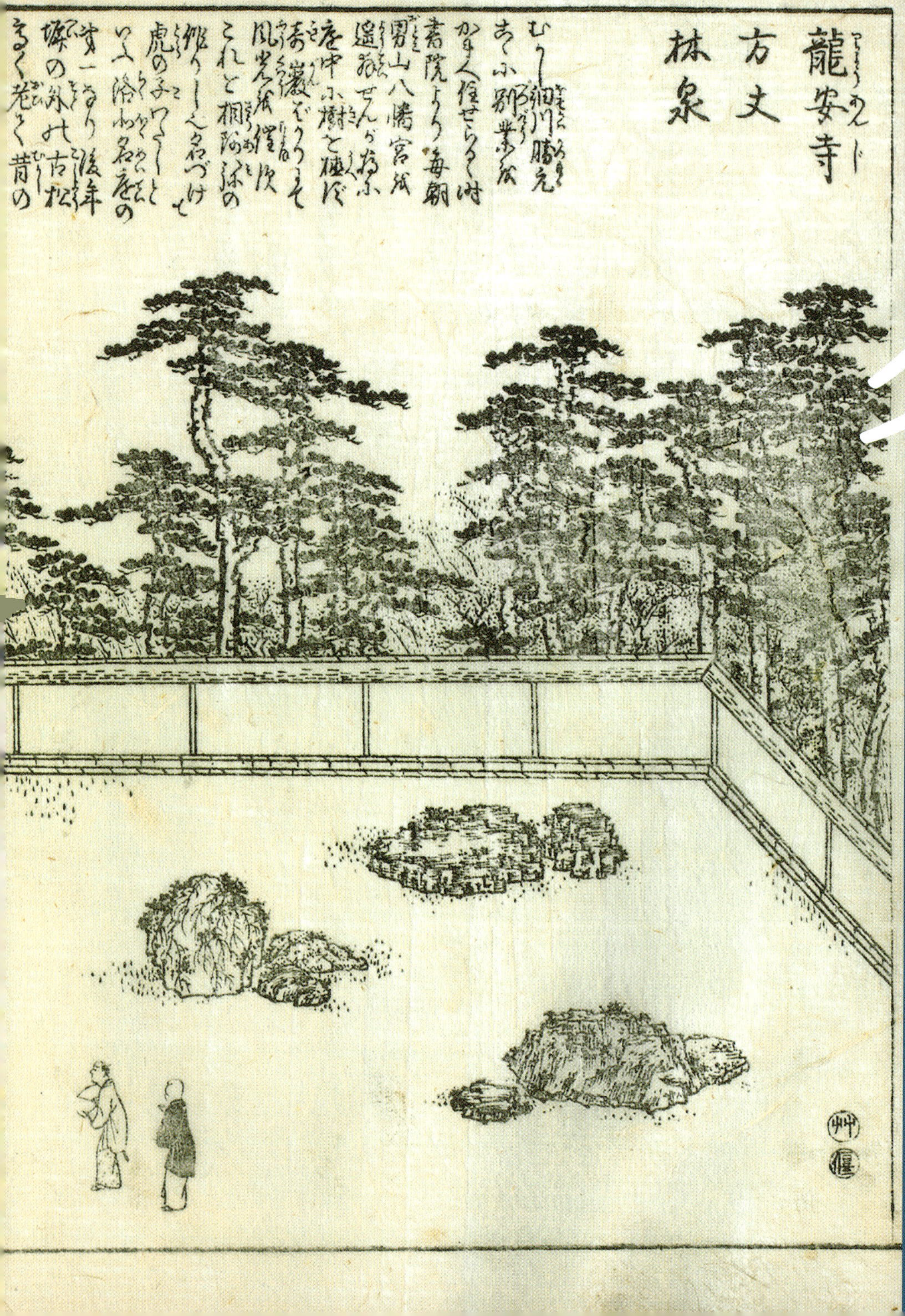

冬

冬のお庭にお出掛け下さい。早朝のお庭では、寒さのせいか、人と同じく樹木の顔もやや強張って映ります。お陽様が当たり始めると、ホッとするのか、その表情は緩みます。表情の移ろいを見て取れる早朝に、ぜひ。

都林泉名勝図会「龍安寺方丈林泉」（小川勝章蔵）

◉天龍寺《てんりゅうじ》

日本的美学を詰め込んだ教科書のようなお庭です

世界遺産の天龍寺(京都市右京区)です。各地の名庭を手がけた禅僧・夢窓疎石(夢窓国師)の作で、嵐山や亀山を借景にした曹源池《そうげんち》庭園は有名ですね。

この庭園は、夢窓国師の人となりをよく伝えています。地形のレイアウトといえる「地割」と石を組み合わせた「石組」が残っているのです。春は桜、秋は紅葉ですが、木の葉が落ち、あでやかさやきらびやかさをそぎ落とした冬に、庭園の骨格はくっきりと浮かび上がります。緑が茂っていた場所の視界は急に開け、落葉樹の枝ぶりのシルエットが美しい。冬こそ庭園の真の力量が問われます。身が引き締まる寒さの中で庭園と緊張感を共有できる、午前中の早い時間帯の訪問をお薦めします。

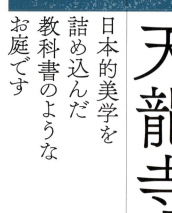

嵐山や亀山を借景に広がる曹源池庭園。夢窓国師が会得した禅の世界が巧みに表現されている

確かに冬ならではの趣があります。

江戸期の「都林泉名勝図会《みやこりんせんめいしょうずえ》」では、庭園と背後の山は松が中心でした。絵図では山と庭がつながって一体化しているように見えます。松以外の木が増え、植生が変わった現在でも、より強固に山と庭のつながりは保たれています。手前の庭園を「近景」とみると、その周囲にあって、高さや稜線《りょうせん》にまで配慮と手入れの行き届いた椎《しい》の木々などが「中景」として庭園を引き立てている。そして背後の山々の「遠景」にうまくつながり、池と山々を一体化させているのです。

庭園中央に、滝組《たきぐみ》「龍門瀑《りゅうもんばく》」が据えられています。

滝組は、庭園の要です。大方丈からはすっきりと見えますが、横側から見ると、極めて豪快な据え方をしています。石組の地中部分を想像すると、夢想国師の奥に秘めた強さや重厚感が感じられる。さらにすごいのは池の周囲の石です。自然石はいろいろな形をしていますが、護岸のあたりは石組の横ライン、滝組のあたりでは垂直な縦ラインが正確に浮かび上がって見えます。秩序があり、しっかり筋が通っている。水平と垂直を意識している点にぞくっとします。滝組が目線をひきつけ、その周囲に視線を広げる石を置いています。池に並び集う岩島や滝の落口にも妙味があります。

激流を登った鯉が龍となる伝説を表したという「龍門瀑」の滝組。庭園の要だ

西芳寺(苔寺)の作庭でも知られる夢窓国師は、どのような人だったのでしょう。

この庭園は日本人的な美学の教科書ではないでしょうか。西洋と違い、左右非対称。高低、濃淡、強弱がある中にバランスがあり、凛《りん》とした美しさと正しすぎるぐらいの秩序がある。きっと妥協がなく、潔い人だったのでしょう。この庭園を見るとき、私たちは、国師に教えをいただいているといえるのかもしれません。

冬は落葉樹の枝ぶりが美しい。「中景」となる庭園の木々の手入れが行き届き、折り重なる背後の山と一体化して見える

「石組の美しさの鍵は、地中に埋められた部分の工夫にあるのです」

山々が水面に映り込む情景は奥深さを感じられる

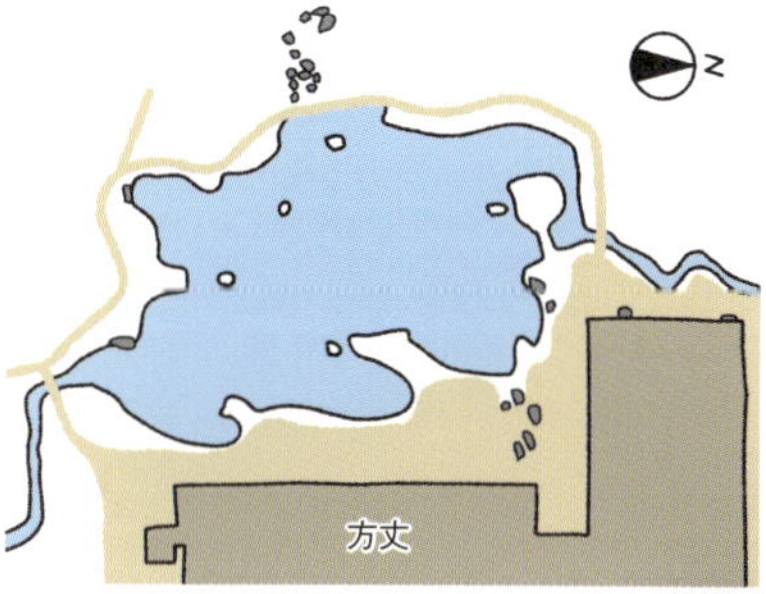

「夢窓国師は現代人に何を伝えようと思っていたのでしょうか。自分も何百年も後に問題提起できる庭を造れるか、考えます」

天龍寺

臨済宗天龍寺派大本山で世界文化遺産。室町初期の1339年、足利尊氏が夢窓国師を開山として後醍醐天皇の供養のために創建。京都五山の第1位。夢窓国師が庭園を手がけたと伝わる。国の史跡、特別名勝。

京都市右京区嵯峨天竜寺芒ノ馬場町
☎075(881)1235
嵐電 嵐山駅より徒歩1分

◉平安神宮《へいあんじんぐう》

松を中心にたどると庭園の骨格が見えてきます

本殿北側の小道で。「この場所が好きなんです。表情豊かな多くの石を自然の風合いに積んでいる。たくさんある橋も少しずつ意匠を変えています」

小川さんの祖先・七代目小川治兵衛の作庭で知られる平安神宮（京都市左京区）の神苑を巡ります。

日本は海岸べりは潮に強いクロマツ、内陸部はアカマツが多く、まるで松に守られているようです。平安神宮も参道を含めた周辺はクロマツ、神苑内はアカマツを主体に構成されています。神苑の三方に池やせせらぎを設け、大極殿の前には清らかな水をイメージさせる白砂を用いて四方を水で守っているのです。また、神苑という性質上、本殿から祭神がご覧になる目線と参拝者の目線の二つを意識して作られているように感じます。

確かに、花菖蒲で有名な西神苑に入るとアカマツに変わりました。

池の南側から見ると、三尊石の据え方や松の植え方に本殿を意識していることが分かります。松に関しては、筋骨隆々としているようなクロマツは雄木《おんき》、幹肌が美しいアカマツは雌木《めんき》と称されます。昔の西神苑は松がより際立つ庭でした。神苑は、花を目当てになさる人も多いですが、松を中心にたどると庭の骨格がよく見えてくるのです。常緑樹だからこその安定感があり、重厚感と気品も兼ね備えています。また縁起の良い木でもあります。蓬莱《ほうらい》思想を表す鶴島や亀島には松が付き物です。意味や思いを込めて植えられている大事な木です。はさみで枝を透かし、手で葉をむしり、大切に手入れされてきました。能舞台に描かれた松を雅《みやび》と感じるのは日本人のルーツがそこにあるからではないでしょうか。

中神苑の臥龍橋。橋脚だった石を配しており、龍の背に乗って空を舞うように渡ることができる

◉平安神宮

中神苑の、飛石を配した「臥龍橋《がりゅうきょう》」は特徴的ですね。

昔かかっていた橋の脚の部分を使っています。配列が絶妙で歩いて渡るとリズムがあり、見ていてもイメージができて楽しい。冬は水生植物の葉が少なく、晴れた日は水面に空がきれいに映ります。雲の上を歩いている気分で渡ってください。

東神苑は、広大な池と泰平閣が見事に調和しています。

池が背後の東山につながっており、冬は、花にとらわれないことで、向こうまで見通せて気持ちが広がっていく気がします。本殿方向や尚美館から庭を見ると松が正面に見え、北側から見れば神様に木をささげているようにも見える。泰平閣の橋の上から見てみましょう。座れる場所が多く、どこからでも景色が楽しめる。橋がフレームとなり、庭を際立たせます。七

アカマツを中心に据えた西神苑。六月に白虎池で咲く花菖蒲がよく知られている

泰平閣は庭園における大切な景色となっている

代目の庭は明るく開放的でのびのびしているのが特徴の一つでもあります。

神宮道や應天門周辺にはクロマツが植栽されている

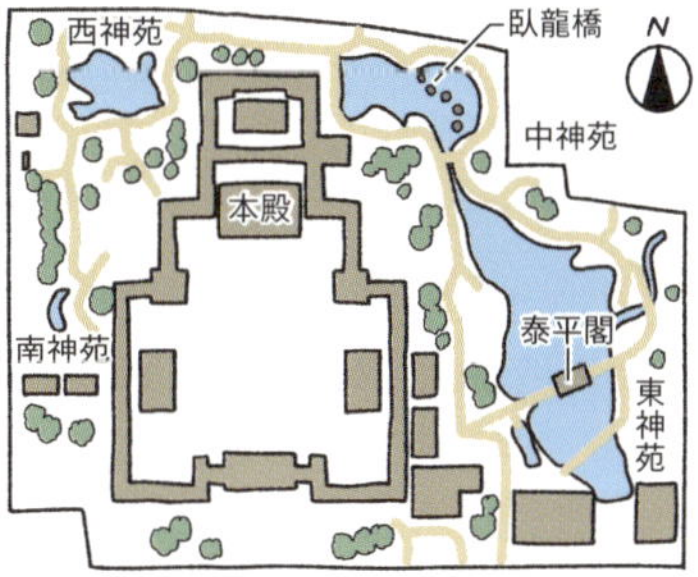

平安神宮

平安遷都1100年を記念し、1895(明治28)年に創建。桓武天皇と孝明天皇を祭る。平安宮の建物を模した建築が特徴。神苑は国の名勝。南神苑以外は、七代目小川治兵衛の作庭。

京都市左京区岡崎西天王町
☎075(761)0221
地下鉄東西線 東山駅より徒歩10分

泰平閣から松の木越しに眺める尚美館。橋の上から美しい風景を堪能できる

二条城《にじょうじょう》

安定した護りで権威をも示す。護岩石の真骨頂です

徳川家が築いた二条城（京都市中京区）**です。小堀遠州が作庭した二の丸庭園は壮大な空間が広がります。やはり松の木が象徴的ですね。**

城の内外に松の木が数多く植わっています。松のオールスターが見られる場所なので、ぜひ好きな松の木を探してほしい。城の中でも障壁画に松が描かれていて内部と外部の空間が連動しています。

松は城主の権威を示し、守っている側面もあったのでしょう。縁起の良い松は将軍家の二条城にふさわしい木だと思います。

池では重厚感のある石組が特徴的です。

二の丸庭園の石組には本当にすごみを感じます。作庭する際、基本的には木を植える前に石を組み

鶴島、亀島、蓬莱島を配し、石組も豪華な二の丸庭園。「建物から庭を見た将軍の目線をイメージしてほしい」

ます。そこで松の木がない石組だけの庭園を想像してみました。そうして考えると、これほど堅牢《けんろう》な護岸はありません。作庭する側としては池の護岸石を組む際にはかなりの力と心を注ぎます。この庭ではみぎわの部分の護《まも》りが安定し、権威をも示している。護岸石の真骨頂といえます。

それぞれの石が山となり、護岸の一角が山脈に見えたりします。見た目は豪快ですが、見えない地中は緻密に組まれています。ずっと護岸を見ていたい貴い庭の一つです。あえてそうする場合を除いて、力量のない据え方の場合、角度によって石は「面」にしか見えませんが、この庭の石はすべてが趣のある立体の「体」に見えてくる。角度を変えるとどう見えるのだろうという思いになり、全体のつながりを感じることができます。

垂直に立てられた「立石」が目を引きますね。

象徴的な石はたくさんありますが、「立石」の存在感は際立っています。でも周囲と比較して大きいわけではありません。むしろ厚みのない石を立てている。普通ならば薄い石だとほかの石の風景に飲み込まれても仕方ありません。薄い石を立てると、ある側面からはよく見えるが、ある側面ではウイークポイントが見えてしまう。しかし、この庭の立石は決して薄さを感じさせません。どの角度にも力が宿り、どの角度からも要となっているのです。

石を立てることで人の視線は引き寄せられます。これだけ広い空間では見せ場を作る力量を要します。立石次第で庭園への印象が変わり、庭園全体の流れが寸断されることもあります。石を組むには作り手の心がとても大切でその人の生き方が表れます。小さな薄い石であっても存在感を出している。作り手である小堀遠州公の器量の大きさをうかがい知ることができます。

豪快な護岸石と石橋。「見る場所により、折り重なり方が変わる橋の横ラインは庭園と向き合うガイドラインとなる」

潔さを感じる立石は滝のビューポイントでもある

「剪定前と剪定後で、松の姿を見比べてみてもおもしろいですね」

二条城

徳川家康が京に滞在中の宿所として築城した。家康の将軍宣下に伴う賀儀と15代将軍慶喜による大政奉還の意思表明が行われ、江戸幕府の始まりと終わりの場所として知られる。世界文化遺産。小堀遠州の作庭による二の丸庭園は国の特別名勝。本丸庭園や清流園もある。

京都市中京区二条城町
☎075(841)0096
地下鉄東西線 二条城前駅から徒歩5分

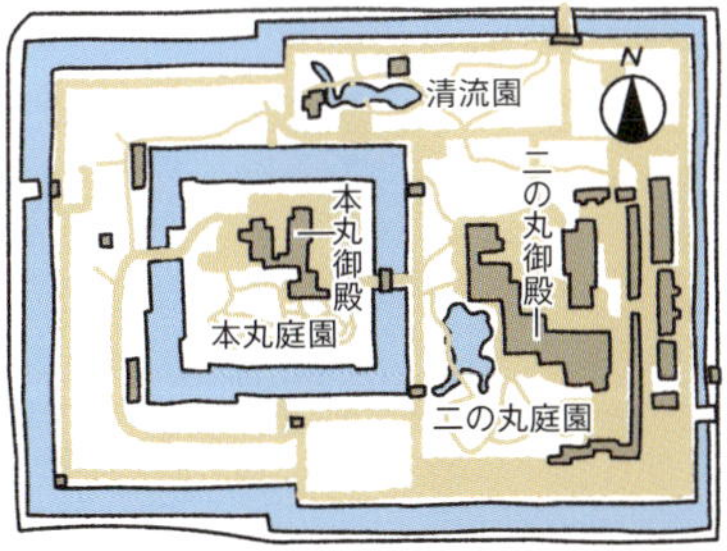

小川治兵衛が作庭した北側の「清流園」にて。「洲浜など伝統に敬意が払われつつ、若々しさも保たれている。二の丸庭園との調和も図られています」

旧秀隣寺庭園《きゅうしゅうりんじていえん》

「借景」の枠を超えた存在感がある庭園です

雪の積もった風景がまるで水墨画のようです。比良山系の雄大な眺めが印象的ですね。

今回のテーマは、背後に広がる景色を借りて庭園に取り込む「借景」です。借景庭園の中には庭園自体の力量が乏しく、周囲に依存している庭もあります。でも、仮に庭園の印象が残らないとしても、あえて山をひきたてるために一歩ひく奥ゆかしさは美しいものです。しかし、山河を見る場所だけになってしまうのはもったいない気もします。

庭と山が調和して、よいパートナーシップを結ぶのが借景庭園の理想ですが、旧秀隣寺庭園には、その枠を超えたすごみを感じます。借景がなく石組だけでも比類のないバランスの上に成り立つ安定感

借景の冬山と調和する庭園。雪に覆われた石組の起伏が美しい。池の奥にある築山のさらに先に安曇川や集落を見渡せる

があります。これだけ庭園の力量がありながら背景も素晴らしい。ツバキなどの木々越しに写真のフレームのようにして山を望むこともできます。空間がつながり、感覚の中で庭園と山の区別はなくなる。山が庭園に歩みより、参加してくる。山をもしのぐ存在感がある庭園です。

庭園の地力と借景の魅力はどこに表れているのでしょう。

今は雪に隠れていますが、石組のどこにも威張った石はなく、どの石もお互い譲り合っている。でも石の配置のポイントごとではしっかり主役となって、穏やかに見えたり、強く見えたりもする。立てた石や伏せた石の配列や流れは絶妙です。

山を見上げる借景庭園は数多くありますが、旧秀隣寺庭園では山と庭との間に安曇川や道、集落があり、すてきな距離感を生み出しています。近景の池から中景となる道や安曇川、集落へとつなぐ、池の向こう側の築山のラインが心地いい。庭は高台にあるため、一度目線を下げた後に遠景の山へと目線を上げることになります。山の向こうに何かあるのではないかと想像させる空間演出は、究極の借景ともいえるでしょう。

山を借景とした、冬ならではの雪の庭は見事です。季節ごとに庭の表情は違いますね。

あらためて雪の庭はすごいと感じました。雪に隠れて見えない部分の起伏がいろいろと想像させま

池のほとりで足利将軍が座って心を落ち着かせたという将軍石から見た山々

雪の日の庭園は、一期一会の景色を見せてくれる

正面から見た庭園。鶴島と亀島を設け、見事な石橋を架けている。奥の「鼓の滝」から流れ落ちる水の音が静寂の中に響き渡る

す。雪や雨や風、自然現象を心地よく取り込むことは庭園にとって大事な要素です。雪が演出する、庭園の一期一会の表情に出会えました。今は雪の下にある庭園ですが、春にはまた、のびやかに私たちを迎えてくれることでしょう。

雪が降り積もった庭で。「山や太陽、雲、雨、雪、風…。自然の尊さを強く実感します」

将軍石は、最良の景色へと誘ってくれる道標です

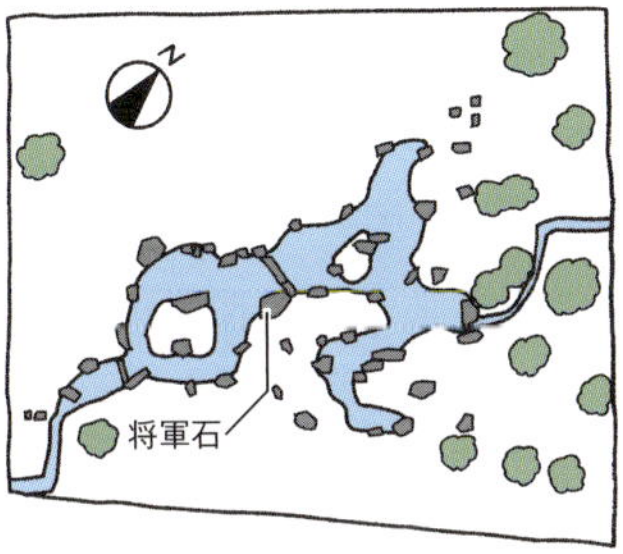

旧秀隣寺庭園

室町幕府12代将軍足利義晴が三好氏による兵乱から逃れ、朽木稙綱を頼った折に京極氏、浅井氏、朝倉氏の協力で管領細川高国が庭園(足利庭園)を作庭して献上した。その後、秀隣寺のあった場所へ、曹洞宗の興聖寺が移り、室町期の様式をみせる秀隣寺庭園を引き継いでいる。国の名勝。

滋賀県高島市朽木岩瀬
☎0740(38)2103／興聖寺
JR安曇川駅から朽木線バス「朽木学校前」より徒歩10分

◉白沙村荘《はくさそんそう》 橋本関雪記念館《はしもとかんせつきねんかん》

関雪画伯こだわりの庭。まるでご本人に会っているかのようです

「まるで羅漢様が語りかけてくださるかのようです」

日本画家・橋本関雪の邸宅で知られる白沙村荘（京都市左京区）です。自ら手がけた庭園には、芸術家の美意識が詰まっていますね。

関雪画伯が精魂を注いだこだわりの庭でその人となりをよく表しています。現在も直系のご家族の方々がその思いを継いで大事に庭を育んでおられます。人生と同じで庭にも段階や節目を経て、進化した過程がみてとれるものです。自身の家の庭では、慈しむようにいろんなところに気を配り、思いをかける。庭を手入れしていると、そこにこもった先人の意思を感じることがあります。この庭では、まるで関雪画伯に会っているような気になれる。庭全体が大胆で、粋《いき》で、バランスを重んじ、流れを生み出しているように感じます。

塔や灯籠、羅漢群など、多くの石造物が目をひきます。

庭に石造物が合わさると日本人

関雪が絵を描いた大画室「存古楼」からの眺め

◉白沙村荘　橋本関雪記念館

時代背景の異なる建物や石造物が、見事に一体となっている

的な美意識の共鳴が生まれます。庭にも日本人独特の「わび」や「さび」があります。現代はピカピカした美しさに囲まれていますが、出入り口近くの大きな「国東塔《くにさき》」の苔むしてかけた姿からは味わいと時間の流れを感じる。据えられている石造物だけを見ても素晴らしいですね。

庭南側の茶室がある空間も落ち着きます。

徐々に敷地を広げられたという庭ですが、建物と茶室を結ぶ動線が美しくしつらえられていて眺めているだけで楽しくなる。蹲踞《つくばい》や沢渡《さわたり》、橋などに趣向が凝らされている。現代は敷地が削られ、庭が小さくなっていく時代ですが、こちらは庭が広がる中で間延びせずに進化しています。庭と一体となった茶室ではお茶事の折、床の間やにじり口から見る景色は、趣だけでなく驚きもあったでしょうし、

「国東塔」。石仏や石塔を見て巡るのも趣深い

「庭園から如意ヶ嶽へとつながっていく景色を考えると、関雪さんが生涯をかけて向き合うに値する唯一無二の場所だったのでしょう」

「建物同士は引き立て合います。見た目はもちろん、導線や使い勝手も美しくしつらえられています」（写真提供：白沙村荘橋本関雪記念館）

何より粋に感じます。

関雪が作品を描いた『存古楼《ぞんころう》』からの眺めを見てみましょう。

絵画に描かれた動物が目の前にいてもおかしくないと思うときもあります。木の幹や灯籠は見る場所によって表情も違うし、寄り添うようになっている。芙蓉《ふよう》池から大文字の如意ケ嶽へと続く風景があり、見る位置ごとに豊かな庭の表情に出会える。何よりすごいのは部屋の中からぐるりと周囲の庭を見渡せることです。途切れずにつながった空間と庭の中に自分がいることをあらためて感じるのです。

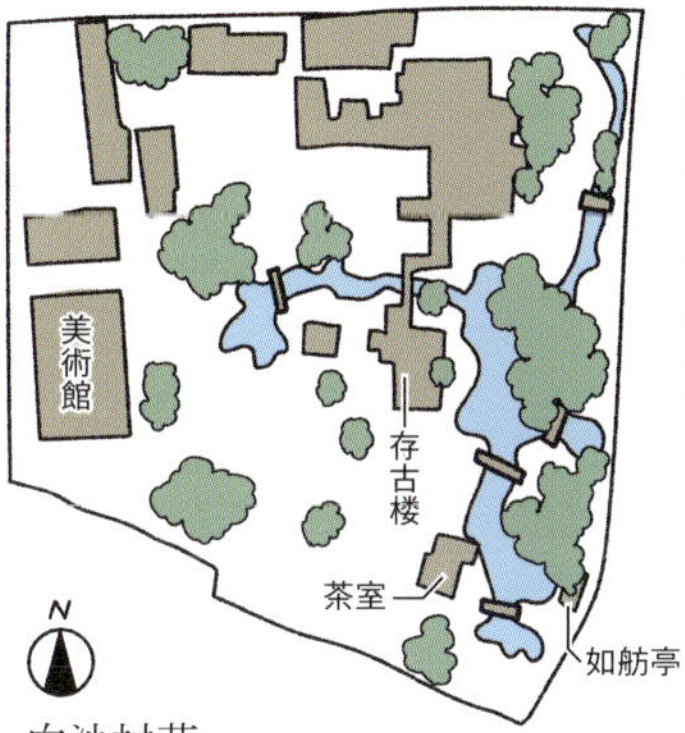

白沙村荘

日本画家橋本関雪(1883―1945年)の邸宅。1916(大正5)年の建造。池泉回遊式の庭園は、関雪自ら石を選び、木々を配するなど、生涯にわたって手を掛けた。国の名勝。

京都市左京区浄土寺石橋町
☎075(751)0446
市バス「銀閣寺前」からすぐ

◉彦根城・玄宮楽々園《ひこねじょう・げんきゅうらくらくえん》

壮大なスケール感が生み出す優れた「縮景庭園」です

国宝・彦根城（滋賀県彦根市）にやってきました。まずは趣がある御書院などが建つ「楽々園」です。

もともとあった蓮の池を玄宮園から分離して造られたそうですが、現在は池に水がありません。でも水をたたえた当時の情景をイメージすると、奥の玄宮園とつながって見えてきます。石組だけみても成立する独立した庭ですが、目線を上げると玄宮園と背景の山まで取り込んで全体的につながります。

楽々園から見ると、玄宮園の七間橋を渡った島に植わった松が印象的です。盆栽では地表に見えた樹木根元の部分を「根張《ねば》り」といいます。玄宮園から見る松の姿は整い、枝葉が充実していますが、楽々園から見る「根張り」にも風格や風情を感じます。

鳳翔台の茶席から望む玄宮園

さて、広大な池がある玄宮園です。北側から「臨池閣《りんちかく》」などの建物を望むと城の天守閣が借景となります。

庭の見どころは多く、玄宮園十景とも呼ばれます。見る場所によって縦長にも横長にも広がるスケール感を持ち合わせた壮大な庭です。当時の人が建物から庭をどう見たかイメージすると本来の姿が見えてくる。池に船を浮かべて楽しんでいた殿様の目線も想像したいですね。天守を見るならぜひ玄宮園の「武蔵野」や「飛《ひ》梁《りょう》渓《けい》」から城を見上げてはいかがでしょう。目線は一度池へと下がって城へと上がる。その幅の大きさは庭園をより雄大に見せます。庭園の池、城の堀から松原の内湖、琵琶湖へとつながる当時の水の広がりを思うと、この庭だけでは収まらないスケールがあります。

南側から見る「鳳翔台」の茶席からの眺めには心洗われます。

日本庭園では「縮景《しゅっけい》庭園」という大切な発想があります。名勝を模し、自然の景色を取り込む庭園です。玄宮園は中国の瀟湘《しょうしょう》八景や近江八景を取り入れたとの説があります。各地の名勝を手中に収めたいという欲求の表れだと考えることもできれば、自然への憧れを形にしたとも解釈できます。庭園は左右だけでなく、奥行きも大事ですが、逆に広大すぎて目線が散漫になりすぎてもいけない。一方で縮景庭園では名所がミニチュア化されてしまう場合もある。その点、玄宮園は庭に合ったスケール感で広がりが生み出された、優れた縮景庭園です。

今は茶席から見え隠れする程度ですが、視線の先に伊吹山がそびえ、佐和山城のあった佐和山が望めます。大名の庭でありながら城を感じたり、感じなかったりする。殿様にとって優雅に過ごせる場所である一方、戦略上も大事だったことがうかがいしれます。

彦根城の天守閣を借景に、池と「臨池閣」などの建物が大名庭園の雰囲気を醸し出す

取材当日は池の水位が低く、水の中での工夫が見て取れた

臨池閣の前に植わった松の木を前に。「玄宮園のビューポイントは多いですが、建物から庭を見る目線を大切にしてほしいですね」

今は池の水がなくなっている「楽々園」。奥の玄宮園の風景も見渡せる

彦根城・玄宮楽々園

彦根城の北東にある池泉回遊式の大名庭園。4代藩主の井伊直興が1677年から造営を始めた。古代中国の皇帝の離宮にちなんだ命名とされ、中国の瀟湘八景に模して設定された近江八景を景色に取り入れたと伝わる。下屋敷「槻(けやき)御殿」の建物部分の楽々園とともに国の名勝。

滋賀県彦根市金亀町
☎0749(22)2742／彦根城管理事務所
JR彦根駅より徒歩約15分

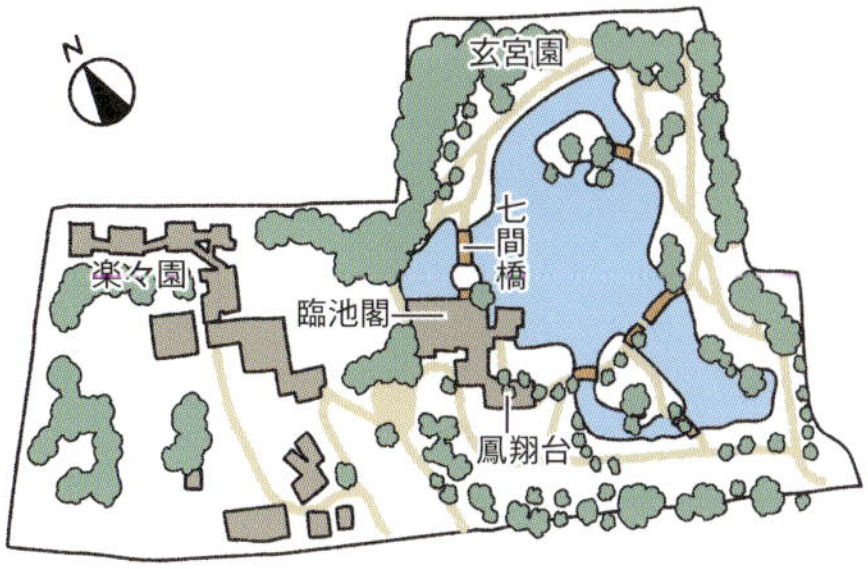

醍醐寺三宝院《だいごじさんぼういん》

幼いころ、どこからでも正面に見えると驚きました

今回は豊臣秀吉の「醍醐の花見」で知られる醍醐寺の三宝院（京都市伏見区）です。

人の顔と同じように、庭にも正面がありますが、横顔や後ろ姿も魅力です。大概は床の間や居間からの眺めが正面になるのですが、私は子どものころにこの庭を見て、どこからでも正面に見えることに驚きました。今回は「庭の正面性」について考えてみましょう。部屋の中から庭を見るということは、部屋ごとに庭が完結しているということ。見ているのは同じ大きな庭の一部でも、部屋を変えれば、表情の異なるそれぞれの庭と正面から向き合っているのです。

多様な正面性がある庭では主役が入れ替わることもしばしばあります。ある部屋から見た主役の石と木は、ほかの部屋から見るときは脇役に回り、違う石や木が主役となる。木の植え方、水の流れ、石の組み方に心配りが行き届いているからこそ成せる技です。さらに秀でた庭では、一つの物がどこ

大きな石組や三段の滝の組み合わせによって、安土桃山時代の雰囲気が表現されている

から見ても正面として機能します。三宝院では、阿弥陀（あみだ）三尊を表す名石「藤戸石」が、どこから眺めても素晴らしい表情をしています。まるでどこからでも見られている感じを受ける「モナリザ」の絵のようです。

確かに動き回っていろんな場所から見ても完成されています。

庭のどこにいても藤戸石や豊国大明神・太閤秀吉の社が見守って下さっているかのようです。滝組も、どこも正面に見える。庭と正面に向き合えるポイントは一つに限られる場合が多いものですが、三宝院はそれを超えている。表書院の上段の間や奥宸殿のみがポイントなのではなく、拝観者それぞれが出合う庭の正面は、無限にあるのかもしれません。庭では「三尊石」がよく配されていますが、どのような意義があるのでしょうか。

三尊石は阿弥陀様などを表し、庭を守護していただく尊い石です。庭の要となる石なので、築山や滝組など敷地の中でも力のこもる部分に見られます。力強く立てた大きな石を中心として三つ据えます。両脇の石の組み方によって趣が変わり、庭の意匠にも幅が出ます。狭い庭なら左右に石があることで奥行きが生まれる。水が流れる庭では、二つの石から水が左右に分かれて流れるように、動きを出せるのです。

醍醐寺といえばやはり桜。もうすぐシーズンですね。

「拾遺都名所図会」にも「醍醐の花見」が描かれています。昔の人も桜の木を見上げてめでたのですね。今も昔も同じで、日本人の心なのでしょう。醍醐寺では、昔の桜の遺伝子を受け継ぐクローン

本堂南側に広がる苔庭。苔と白砂でデザインされており趣がある

敷きならされた白砂は、池を引き立てる効果がある

見る角度によって、滝の表情は変わる

織田信長、豊臣秀吉など歴代の武将に引き継がれた「天下の名石」の藤戸石。秀吉が聚楽第から移した。阿弥陀三尊を表し、存在感が際立っている

桜も植えられています。太閤秀吉の見上げた桜と枝は変わったかもしれませんが、当時の面影は伝えている。目に見えるあでやかさのみならず、大切な心もきっと受け継がれていくことでしょう。

「表書院より高い位置にある『純浄観』の建物から庭を見渡すと、心も高ぶってきます」

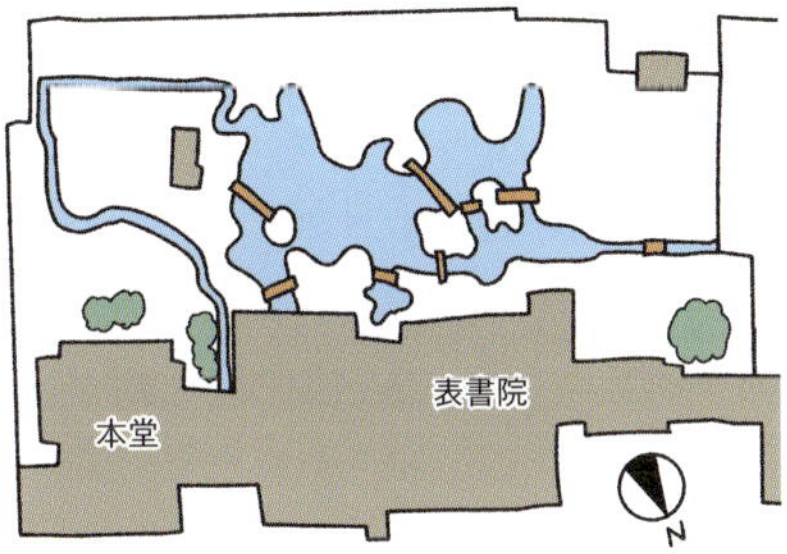

醍醐寺三宝院

14世座主勝覚の創建で、世界文化遺産醍醐寺の歴代座主が居住する坊。国の特別史跡、特別名勝の庭園は、1598年に豊臣秀吉が催した「醍醐の花見」の際に基本設計した庭と伝わる。

京都市伏見区醍醐東大路町
☎075(571)0002
地下鉄東西線 醍醐駅より徒歩10分

◉龍安寺《りょうあんじ》

山あり海あり。まるで地球を見ている気がします

石庭で有名な龍安寺（京都市右京区）を訪れました。世界に知れ渡る枯山水で再訪者も多い庭です。

参拝者は、石や配置、苔だけを見ているのではなく、みんな何かを感じながら庭と向き合っているように思えます。その何かは人によって違い、先にさらなる魅力があるからこそ再びこの庭を訪れるのかもしれません。枯山水の石を山に、苔の築山を大陸に、白砂を水や雲に見立てるとまるで地球を見ている気がする。宇宙観や自分自身の生きざまを庭に重ねる方もいます。庭は視覚に頼る部分が多いのですが、目に見える情報以上に思いが深まっていくのがこの庭の魅力です。

三方を土塀に囲まれた枯山水の方丈庭園。15個の石を配した石庭にもうすぐ桜の花が彩りを添える

座ってじっくり見つめていたい庭ですね。

いろんな人が好きな場所に座り、それぞれ違うことを考えて自分の世界を感じています。私も気になる石の前に座ってみました。据え方だけを見ても、優しくも強くも見え、荒々しくも穏やかにも見えたりする。言うまでもなく配置のバランスがすごい。よく自分ならば石をどう据えるかとイメージするのですが、この庭はそれをさせない。隙がないほど研ぎ澄まされています。それぞれの石や島から庭を見ても、すべてが主役として要となり、庭の中心として全体が美しく成立してしまうように感じます。

もうすぐ桜の季節。石庭の向こうで咲くのですね。

石庭の土塀の風合いがまるで枯山水と呼応しているかのようです。伝統的なわびさびの世界にも、また斬新にも感じます。江戸期の「都林泉名勝図会」によると、石庭の背後は松林のようでした。今しか出会えない桜と石庭であり、春を尊ぶ気持ちがより深くなります。冬には石庭を凝視し、やや下向きだった目線も桜が咲くとやや上へ向く。結界でもある土塀は、外側の世界と隔てるように見えながら、内側とのつなぎ役にもなっている。桜が枝垂れる箇所の風情はこの上ないものです。

向き合う場所を変えると、印象は大きく変わる

方丈を出ると、境内に「鏡容池」が広がる庭があります。

池の南側からは、山と寺院、池と桜の木がつながった景色が広がります。方丈の石庭とは雰囲気が

「各時代ごとにいろんな方がさまざまに語っておられる奥深い庭です。それでもあえて魅力をお伝えしたい」

方丈の北東にある蹲踞は複製。「吾唯足知（われただたることをしる）」を表し、本物は茶室の近くにある。「現代でも斬新。しゃれっけと粋さがあり、深い意味を教えて下さる」

背後の山から境内の木々、建物から鏡容池へと景色がつながる。桜が咲く池の周囲は春の散策に適している

異なりますが、それぞれに日本人が大切にしてきた自然観を感じます。石庭との対比が魅力的な「鏡容池」の庭もゆっくりと眺めてほしいですね。

龍安寺

臨済宗妙心寺派。室町幕府管領の細川勝元が妙心寺の義天玄承を招き、1450年に創建。世界文化遺産「古都京都の文化財」の一つ。石庭は国の史跡、特別名勝。

京都市右京区龍安寺御陵下町
☎075（463）2216
嵐電 龍安寺駅より徒歩8分

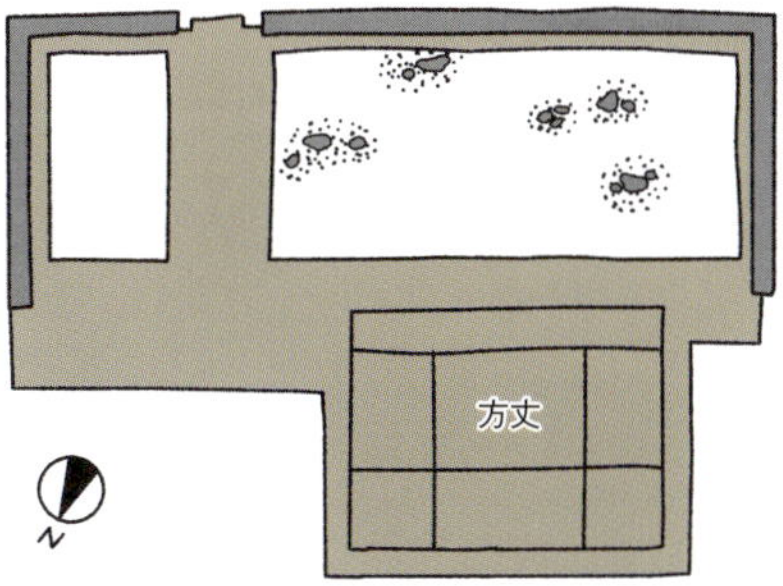

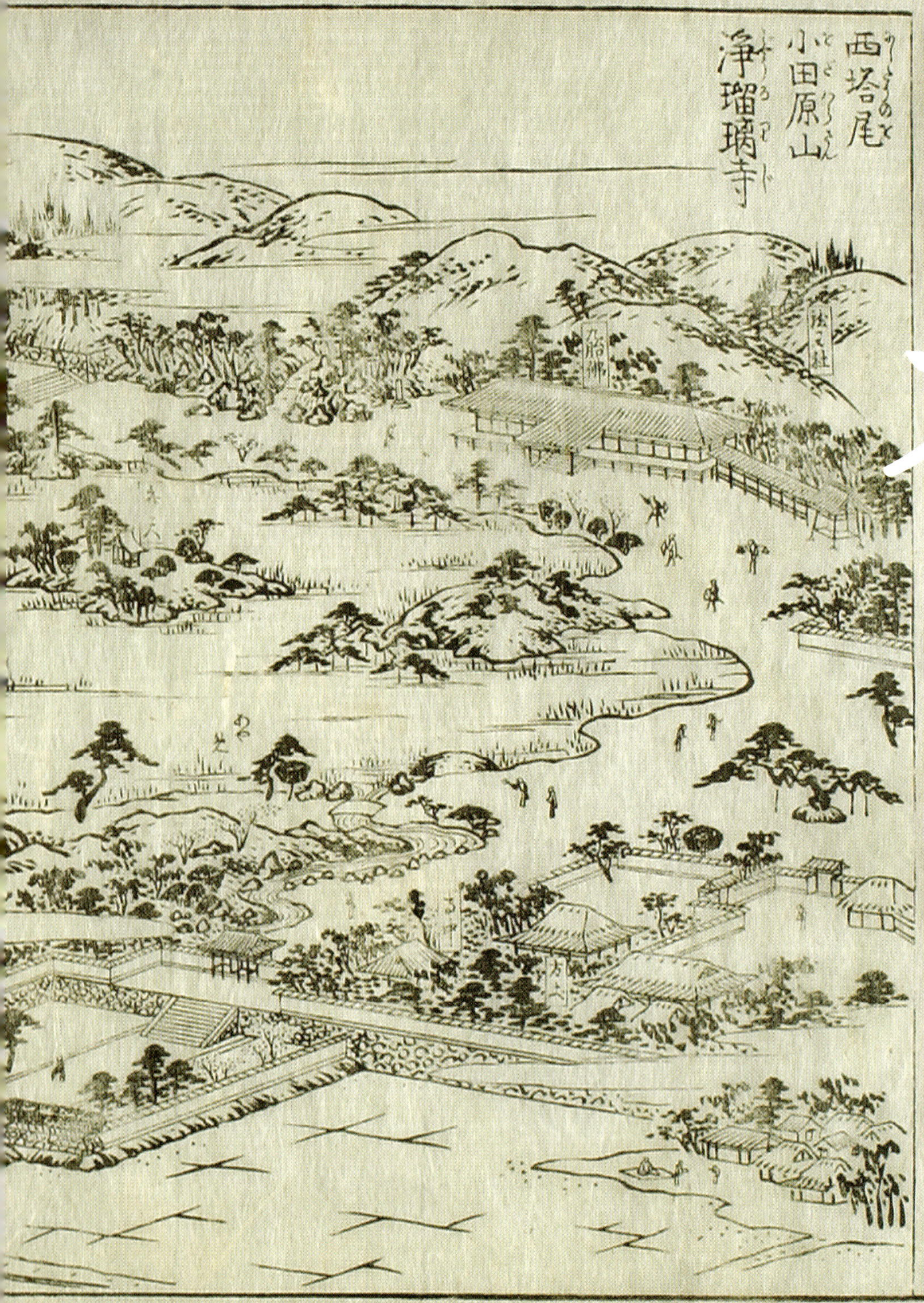

春

春のお庭にお出掛け下さい。桜のお花は私たちの心をとらえて離しません。お花のみならず、色々な樹々の葉にも心を寄せてみて下さい。芽吹く葉はまるで赤ちゃんのよう。萌黄色の葉からエネルギーを貰えます。

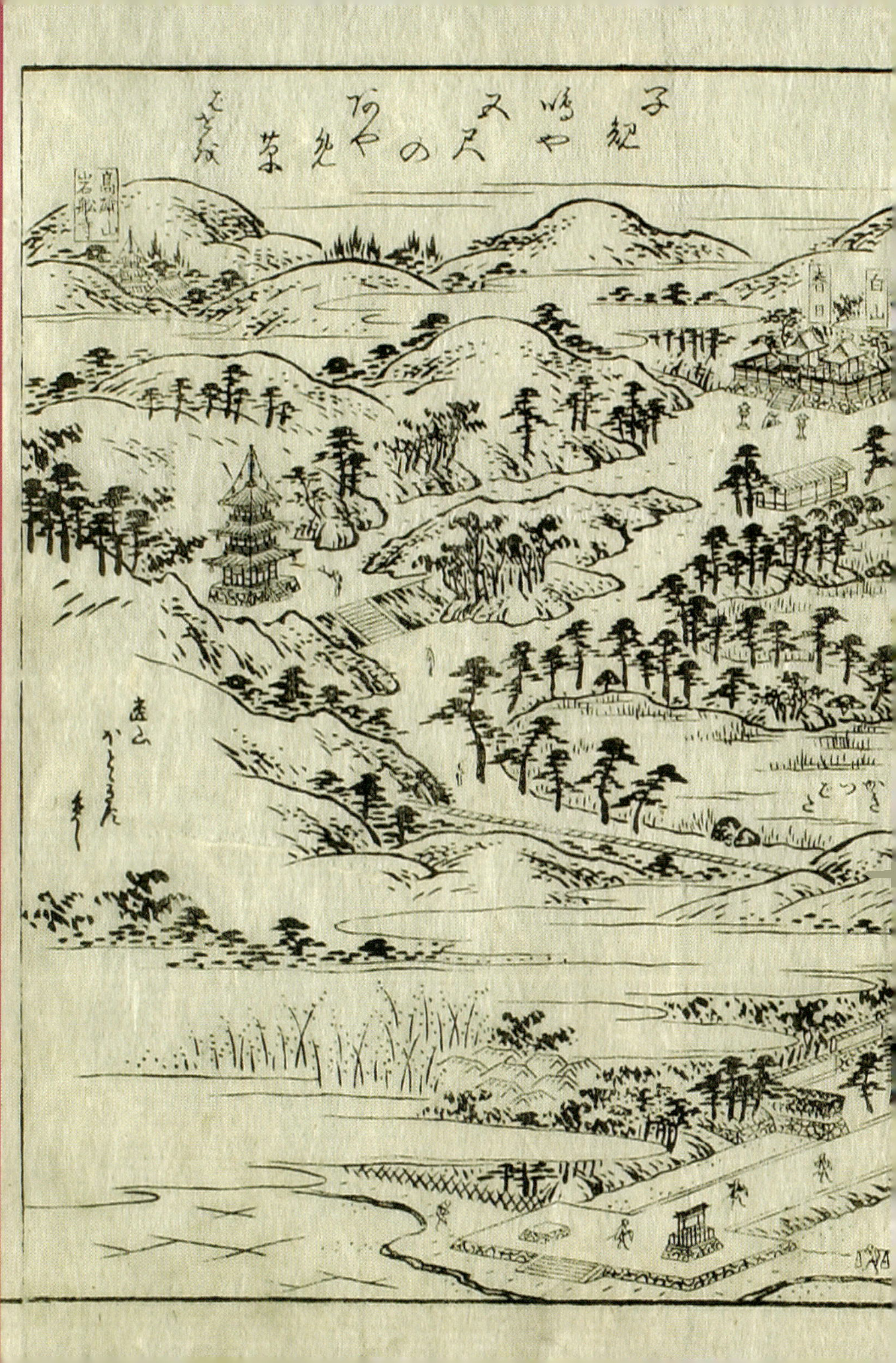

拾遺都名所図会「浄瑠璃寺」（国際日本文化研究センター蔵）

◉松尾大社《まつのおたいしゃ》

石の個性を引き出す重森氏のスタイルは豪快かつ繊細です

昭和を代表する作庭家故重森三玲氏が手がけた松尾大社（京都市西京区）の松風苑。平安風の「曲水の庭」は圧巻です。

今回は石をテーマにしましょう。私が子どものころ、父の十一代小川治兵衛に、石には怒った顔、笑った顔、のっぺりした顔と三つの表情があると教わりました。言い換えると力強い顔、優しい顔、平たんな顔という解釈です。庭の要の場所には力強く石を立て、飛石や敷石では平らに石を伏せます。住まいの庭園を多く手がける「植治」の仕事では、優しい顔の石を多用しますが、重森氏の庭は力強い石を際立たせて構成するのが特徴です。据え方から重森氏の作庭と分かる。独特の確立された世界があります。

流れの中に石組を配した「曲水の庭」。石橋が架けられ、洲浜と流れが織り成す汀（みぎわ）のラインが美しい

長男の重森完途氏が完成させた「蓬莱の庭」。石の集まりで面を作り、角度の変化で立体感が生み出される

上／ミヤコザサが風に揺れる「上古の庭」。塀の屈曲と斜めに据えた石がよく合っている　下／神像館と葵殿の間にある「即興の庭」で。「渡り廊下は三庭園を一度に感じられる庭園の交差点」

確かに豪快に立ち並ぶ大きな石に迫力を感じました。

力強い表情で据えている四国の青石ですが、微妙に石の面の角度が違い、いろんな場所からさまざまな面が見えます。面の角度を複合的に組み合わせて生み出される独特の立体感がすてきです。足元を見ると、曲水部分に植栽はなく、石のみで構成されています。

造園では石と木と水の組み合わせが定石とされています。石だけだと威圧感がありますが、植栽すると柔らかくなり、水を流すと動きが生まれるからです。しかし、重森氏は石と石、石と水で庭を表現する。色や大きさなどの異なる石を組み合わせ、幾何学模様を作るなどして表情を変えている庭がほかにもあります。強い石ばかりを据えると、その中でも強弱が必要になる。力強い表情をみせる石それぞれから個性を引き出す重森氏のスタイルは豪快かつ繊細です。

空間構成を見ると手前に曲水、そしてサツキの築山があり、社《やしろ》の後ろの山へと全部つながっています。曲水は、細かい石をタイルのように使った独特の表現ですが、実は洲浜《すはま》という古来の手法に基づいている。古い手法を尊びながら新しい表現をするのです。

磐座《いわくら》にちなんだ「上古の庭」に移ると、神々の存在を想像させる巨石群が印象的です。

築山のミヤコザサの植栽が効いています。風が吹き、雨が降るとササがふれ合う音がして築山全体が揺れる。風雨で神の気配を感じられる庭となります。上部の真ん中にある二つの石を中心として、その両側の石は斜めに据えられています。シャープな斜めラインが折り重なると、ともすれば人工的な印象を受ける場合もあるのですが、重森氏特有の斜めラインは、自然を尊んだ上でのシャープさが魅力です。庭を囲む塀の屈曲具合も石の据え方によく合っています。上古の庭は後ろに回って間近に大きな石を見下ろすと表情がまた違う。後ろ姿もぜひ見てほしいですね。

「石組が、庭園や京都の街を守っている御祭神の姿のように見えます」

松尾大社

701年に社殿が建ち、平安京造営時には賀茂社と並び、王城鎮護の社とされた。松風苑は、200以上作庭を手がけた重森三玲氏の設計で1975(昭和50)年に完成した最後の作品とされる。「曲水の庭」「即興の庭」「上古の庭」と長男の完途氏による「蓬莱の庭」がある。

京都市西京区嵐山宮町
☎075(871)5016
阪急 松尾大社駅より徒歩3分

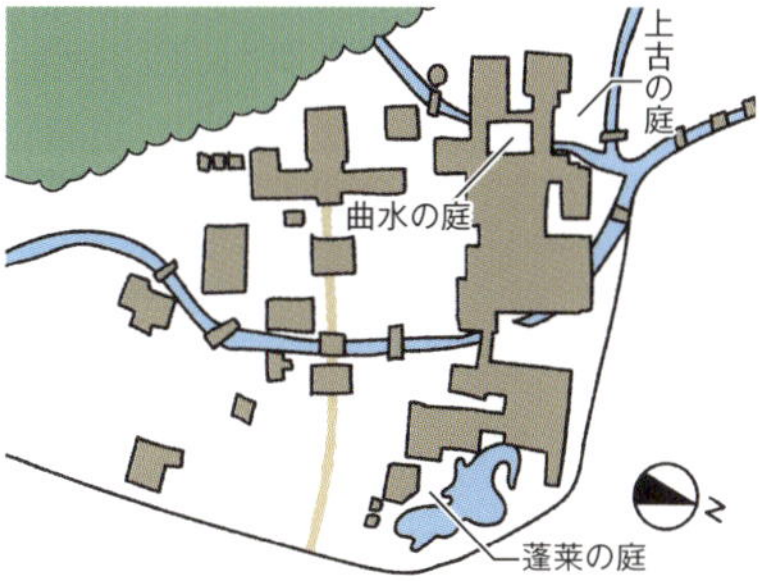

浄瑠璃寺《じょうるりじ》

仏教の世界観が庭に具現化されていることに驚きます

浄土庭園で名高い浄瑠璃寺（京都府木津川市）です。太陽が昇る東に薬師如来、沈む西に阿弥陀如来を配しています。

江戸時代の「拾遺都名所図会」で、ホトトギスが鳴き、アヤメの咲く様子が記されているように、のどかな雰囲気が残り、穏やかで優しい当尾の里を象徴するかのようです。優しさや楽しさ、親しみやすさは庭の大切な要素です。アルハンブラ宮殿が地上の楽園と称されるように、庭を楽園になぞらえることがあります。何かに憧れ、求める中でパラダイスを庭に託した部分があったのだと思います。

確かに池を境に、この世とあの世の存在を感じますね。

日のいずる東側から日の沈む西

三重塔がある東の此岸側から、西の彼岸側の本堂を望む。両岸の灯籠が過去、現在、未来へと思いをつなぐ
※取材後の庭園整備により現在は州浜が修復されている

側の浄土へと向かう仏教の世界観を庭で具現化していることに驚かされます。過去を表す薬師如来から未来の阿弥陀如来にお参りすると、自分の人生を顧みることになります。のどかな庭ですが、見方を変えると厳しい庭です。阿弥陀如来のおられる所は極楽浄土ですから、ここにいていいのかとさえ感じます。一つの庭が両極端のことを考えさせる。信仰が庭と密接にかかわってきます。

東側と西側から見ると、それぞれ別の風景が存在しますね。

東側の三重塔からは薬師如来の目線で池越しに本堂が見える。西側の本堂からは阿弥陀如来の目線で庭越しに三重塔が見えます。表裏一体の庭園でどちらもが表の正面であり裏でもある。大事な顔が二つあるのです。

境内東側に位置する三重塔。秘仏の薬師如来坐像を安置している

上／中島を配した池を挟んで本堂と三重塔が向かい合う
下／馬酔木（あせび）の花咲く参道はのどか。「ご本尊が穏やかな表情をされているので、お庭もそうなっていくのでしょう」

本堂が映る池が庭の美しいアクセントとなっています。

池の両岸にある二つの灯籠が東と西を結んでいます。灯籠にはいろんなバランスのとり方があり、寺社では左右に配して対にする場合もあれば、中央に一本据える場合もあります。参道では数多く並べます。この庭では此岸《しがん》と彼岸の両岸に据えている。阿弥陀如来と薬師如来への信仰が灯籠を通じて交わり、過去世と現世と来世が結ばれていく感じがします。

南北朝時代の作と伝わる灯籠は、見えない所にまで手間を掛けて作り込んでいます。自然に憧れるがゆえに、自然に近づけようとして不自然な景色が作られるのが庭です。自然の石から作りだされる灯籠に象徴されています。池の発掘調査では洲浜や石組が見つかっています。時代を経て姿を隠し、時代を経て姿を現す。庭で歴史が積み重なっていくのです。

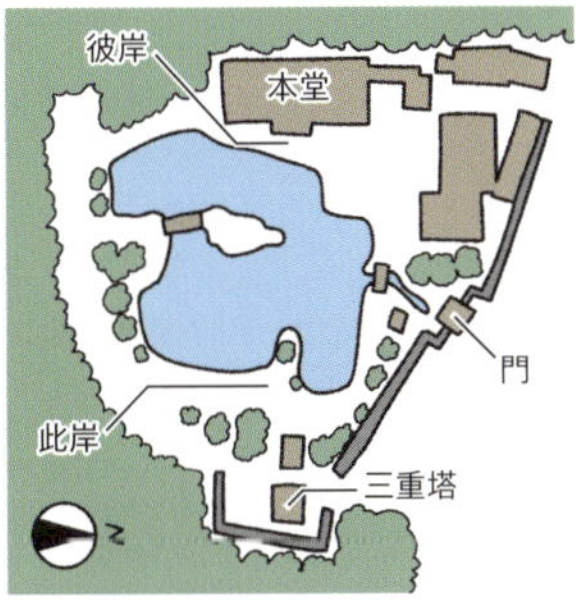

浄瑠璃寺

真言律宗の寺院。9体の阿弥陀如来像を安置することから九体寺とも称される。1047年に建立された西小田原寺が前身。浄土式庭園は特別名勝・史跡。西側に九体阿弥陀如来坐像(国宝)が鎮座する本堂(同、九体阿弥陀堂)、東側の三重塔(国宝)には薬師如来坐像(重要文化財)を安置している。

京都府木津川市加茂町西小札場
☎0774(76)2390
JR加茂駅からコミュニティバス当尾線「浄瑠璃寺前」下車すぐ

西の彼岸側から此岸側を望む

教林坊《きょうりんぼう》

自然への向き合い方を教えてくれるようです

新緑と紅葉の名所として知られる教林坊(滋賀県近江八幡市)は山裾にあり、山道から寺と庭を見渡せます。

秋の紅葉が美しい場所ならば新緑の季節も間違いなく美しい。山からは木々の向こうに庭を見通すことになりますが、その木々の後ろ姿がまたきれいです。山道には竹林が茂り、見下ろす庭には巨大な石が点在している。大きさの観念を忘れてしまうようなスケール感があります。

山を下った本堂のそばに、本尊の石仏「赤川観音」がまつられています。石窟《くつ》の巨石は、古墳を活用したとも伝わります。

本堂辺りから、この大きな石が

書院前に広がる庭に新緑が映える。池泉の周囲は巨石が多く、中央にある鶴の立石が目をひく

庭の要になってきます。磐座《いわくら》信仰の対象とも思え、庭の石組かどうかさえ分からなくなってくる。象徴的なのは巨石の折り重なりによって浮かび上がった斜めのラインです。古墳の天井石にも見える巨石から自然の風合いと造形的な作意を同時に感じます。庭は親しみやすさも大切ですが、何か不思議という感覚も大事です。庭全体はおおらかな感じですが、斜めのラインが美的な感覚を呼び覚ましてくれるようですね。

山から庭園の全景を見下ろせる

本尊の赤川観音がまつられている石窟。巨石は古墳を活用したと伝わり、斜めのラインが美しい

足下にも新緑は広がっている

書院の前からは、池を中心に多彩な巨石が目を引きます。

本堂から移動してくると、まっすぐに立てた鶴の立石が目をひきます。この庭を象徴するような立石は潔く、なぜか優しく、不思議なオーラを放っている。さらに奥へいくと水が流れる様子をイメージでき、そうすると今度は滝組の石が要のようにも見えてくる。これらの石や築山を見ていると、人の手が入っているのか、自然のままなのか境目がない気がします。自然崇拝の思いが込められているというだけではなく、庭が自然に戻ろうとしているようにも感じる。自然への向き合い方を教えてくれるような庭です。

書院から眺める景色は、掛け軸庭園とも称されます。

障子を掛け軸の幅だけ開け放ち、庭園を山水の軸に見立てる、一期一会の掛け軸です。書院に座ると目線が低くなり、庭を回遊していたときは見下ろしていた小さな石も、かわいらしいと慈しむ気持ちがわきます。庭は小堀遠州が手がけたと伝わり、立石を見ると、二条城の立石とつながるようにも感じます。ただ、庭の由緒などをつまびらかにする事も大切ですが、何とも言えない美しさに神秘性を感じてほしい。書物の行間を読み取るように、言葉にならない空気感を何となく庭から察することがより大切ではないでしょうか。

「ご住職をはじめ、携わる方々の思いの通った温かな庭です」

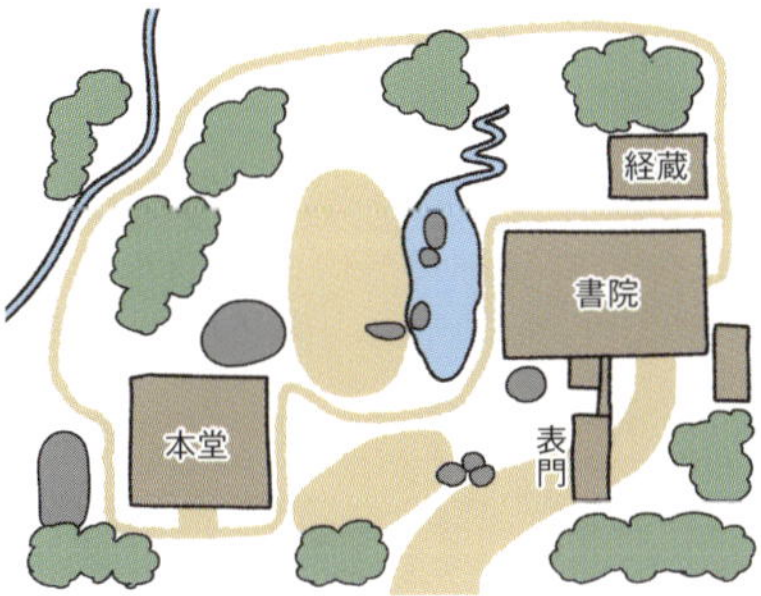

「掛け軸庭園」は四季を印象的に浮かび上がらせる

教林坊

天台宗の寺院。605年に聖徳太子が創建したと伝わる。「石の寺」とも称される。一時期は無住で荒れていたが、廣部光信住職が復興した。普段は土日祝のみ拝観。紅葉シーズンは毎日公開。

滋賀県近江八幡市安土町石寺
☎0748(46)5400
JR安土駅からタクシーで10分

実相院

じっそういん

十人十色ならぬ十緑十色の、豊かな表情のモミジです

新緑が美しい季節です。モミジが床に映り込む「床みどり」で知られる岩倉の実相院（京都市左京区）にやってきました。

今回のテーマはその緑です。西洋では、花が咲き終わると次の季節の花が咲き、時には植え替えられ、主役が入れ替わる庭園もあります。日本庭園は違う。花が咲く期間はわずかでご褒美みたいなものかもしれません。年間を通じて同じ植物で季節の移ろいを感じてはいかがでしょう。

その象徴的な植物がモミジですか。

春には芽吹き、夏に向けて太陽を遮るような力強さを増し、秋にはつややかに紅葉する。冬は落葉してシルエットが映え、雪が積もれば風情がある。実相院にはいろんな表情に出会える独特のモミジがあります。客殿前に広がる池泉

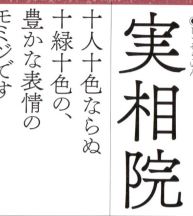

モミジの新緑が美しい池泉回遊式庭園。モリアオガエルの鳴き声が響き渡り、池の上をチョウが優雅に舞っていた

回遊式庭園のモミジには、老木もあれば若い木もある。勢いよく伸びる枝もあれば、しっとりと垂れる枝もある。種類も違います。見渡すと同じ緑色はなく、黄色がかった緑、赤が入った緑、白っぽい緑と十人十色ならぬ十緑《じゅうりょく》十色《といろ》といえます。この時季は繊細なモミジの豊かな表情を楽しんでもらいたいですね。

瀧《たき》の間で「床みどり」を見ていると、薫風にそよぐ葉のざわめきが何かを語りかけるようです。

造園では、映り込む感覚をよく水面で使います。空が池に映ると、雲の上にいるような不思議な感覚が生まれます。実相院の床みどりは、季節や時間、天気によって表情を変える。床を見つめていると、風や雨でモミジの葉が揺れて、まるで水面が波打っているように感じます。古来、庭づくりでは、年中不変で安定している松など常緑

普段は非公開の茶室から。「池泉庭園からの眺めは、茶室の後ろの山のモミジにもつながります」

客殿の「瀧の間」の床に映り込む「床みどり」。秋には真っ赤に染まった「床もみじ」を楽しめる。冬の雪化床（ゆきげしょう）も美しい

樹を主体にすることが多いのですが、現在の実相院は大きな木で常緑樹が少なく、ほとんどはモミジを中心とする落葉樹で構成している。冬に枝だけになった木々を見るとよく分かります。

紅葉の時季のモミジを見るだけではもったいないですね。

床に映り込んだモミジだけでなく、奥の庭だけを見たり、障子のフレームで切り取った庭として見たり。人によって見方はさまざまで、こうなるとどこまでが庭なのかという問題提起です。モミジは手を入れなければ大きくなりますが、意外と姿はしっとりと収まる植物です。ただ、一回切ると毎年切らないと枝ぶりが暴れ出す。配慮のない手入れをすると独特のしなやかさがなくなります。人間がかかわると最後まで責任を持たないといけなくなる不思議な木なのです。

小川さんが市民と一緒に作り上げた「こころのお庭」。苔を陸地に見立て、日本列島の姿を描き、立体的な庭園が生まれた

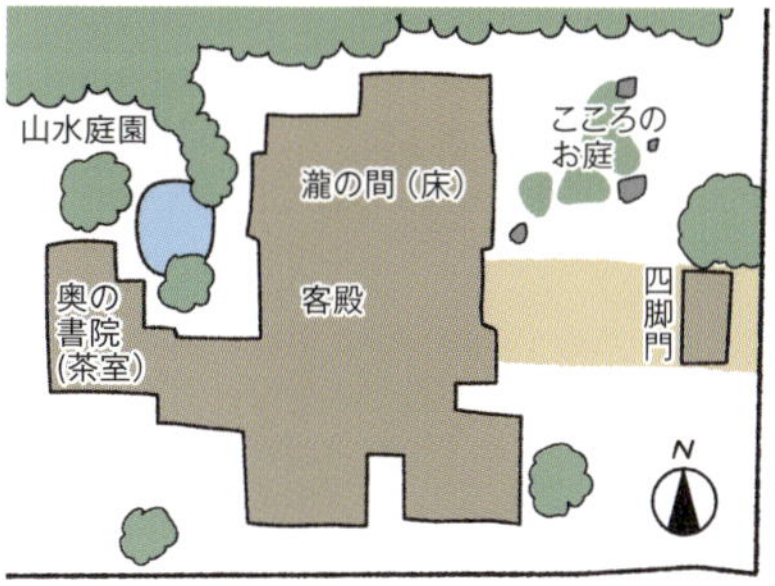

実相院

鎌倉時代に紫野に開かれた。所在地が何度か変わり、応仁の乱の戦火を避けて岩倉に移った。モリアオガエルも生息する自然豊かな池泉回遊式庭園と桜が美しい石庭「こころのお庭」がある。

京都市左京区岩倉上蔵町
☎075(781)5464
地下鉄烏丸線 国際会館駅より京都バスで「岩倉実相院」下車すぐ

◉秦家住宅《はたけじゅうたく》

地面と接し、大切に慈しまれているお庭です

梅雨は苔がきれいな時季です。庭の美しい京町家として知られる秦家住宅（京都市下京区）では、まず小さな中庭が目をひきますね。

中庭には南国情緒を感じさせる粋な棕櫚竹《しゅろちく》が植わっています。窓が閉まっていても葉が揺れると風を感じる。真ん中に中庭があることで通風や採光はもちろん、気持ちも明るくなってきます。町家ならではの「通り庭」も魅力です。秦家は、住まいであると同時に商いの場でもありました。通り庭は、外と内をつなぎとめている。奥に進むにつれて、徐々に公から私的な空間へと変化を感じられる庭です。

実際に家人が使用する手水鉢。機能性に優れる

奥庭です。奥の間は建具《たてぐ》がすだれになり、すっかり夏の装いです。

建具が変わると、庭の雰囲気もまた違って見えますね。奥の間か

夏の装いの部屋からすだれ越しに庭を望む

家屋と庭が調和し、くつろぎの空間を作り出す

ら見る庭は、住人がくつろいで見る私的な庭であり、客人がもてなされて見る公的な庭でもある。通り庭と同様に縁側が魅力的な空間です。内側の縁側からも外の庭の雰囲気を存分に感じられるつくりになっています。

手水《ちょうず》鉢がいくつも見られますね。

町家の庭は手水鉢が複数ある場合も多いのです。奥の間の近くに風格を持って据え、もう一方は使い勝手よく手洗いの前に据えたり

棕櫚竹が植わる中庭。風がそよぎ、葉が揺れる

「降り蹲踞」が独特の雰囲気を醸し出す。「意匠性と機能性、手水鉢にはそれぞれ意義があります」

します。それらを一直線に重ならないように置くことで遠近感を生み、バランスを保つ。ただ、秦家の手水鉢は独特です。下に掘り込んだ「降り蹲踞《つくばい》」があるんですよ。茶人大名の古田織部の考案とも伝わります。そこに据えられたキリシタン灯籠も別名織部灯籠といいます。高く目立たせたい物をあえて風合いを変えて粋にしつらえる。茶道に精通したご先祖様だったことがうかがいしれます。

京町家と生活に根付いた庭はとてもよい関係にみえます。

最近、町家は飲食店やギャラリーに活用されるなど、さまざまな雰囲気に生まれ変わっています。町家の魅力や可能性が現代に輝くのは、町家のたたずまいが時間をかけて街の中に溶け込んできたからこそだと感じます。庭を管理されている秦さんは、ピンセットで草を抜いているとうかがいました。地面と接し、大切に庭を慈しんでいるからこそ、この景色が守られているのでしょう。太子山の町内でもあり、祇園祭が近づくと家も庭もさらに活気づきます。建具替えなど年中行事を大切にされ、季節と生活とが密接で、節目ごとに市民が参加する催しを開かれているのは素晴らしいと思います。

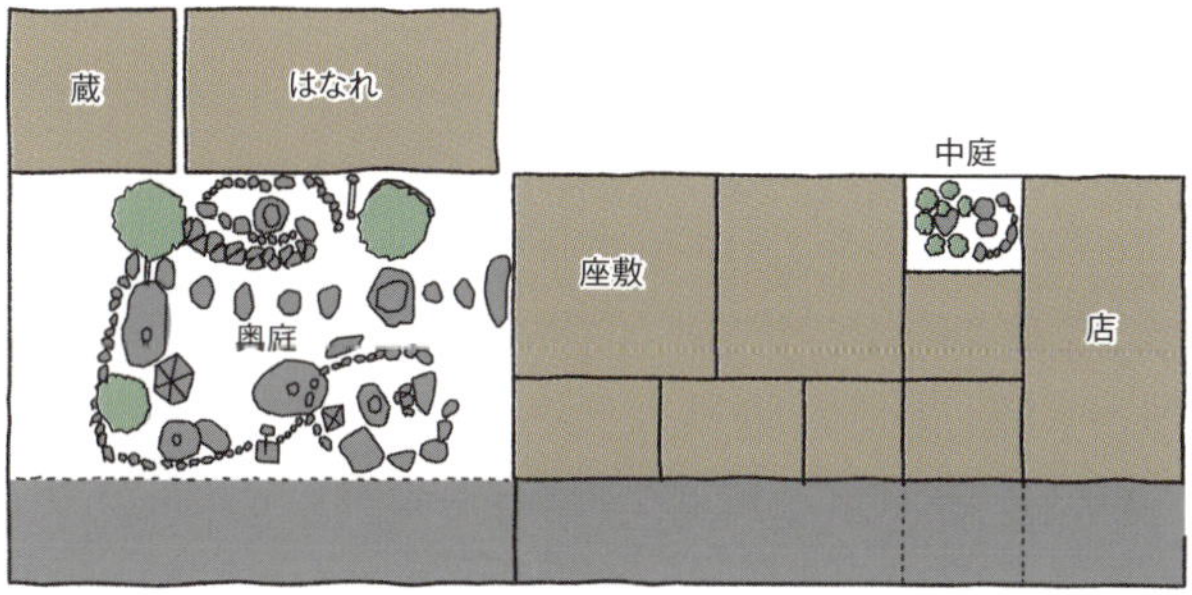

秦家住宅

表は店舗で奥が住居の表屋造り。江戸時代から薬屋を営み、現在の家屋は1869(明治2)年に建てられた。京都の伝統的商家の趣を残す。京都市登録有形文化財。見学は前日までに予約が必要。

京都市下京区油小路通仏光寺下ル太子山町
☎075(351)2565
地下鉄烏丸線 四条駅より徒歩8分

実際には使われない手水鉢。意匠性に優れる

◉渉成園《しょうせいえん》

横長ワイドな視界に空と水と大地の尊さを感じます

東本願寺の渉成園《しょうせいえん》（京都市下京区）は市街地にありますが、敷地が広く、閬風亭《ろうふうてい》からの眺めは雄大です。

生け垣にカラタチ（枳殻）が植えられていたことから、枳殻邸《きこくてい》とも呼ばれています。現在の参観順路は北から南へ回りますが、門や大玄関の位置から、かつては南から北へ回ったと推察できます。閬《ろう》風亭《ふうてい》から庭を見てみましょう。床の間の前に座ると、石組、灯籠の火袋《ひぶくろ》や多重の塔が視野に入る。広い庭ですが、すべて床の間を意識してつくられています。目の前に

広がる空間はワイドな横長で、風が吹いても、右と左とで木々の揺れ方が違う。空と水と大地の尊さが感じられます。

力量の乏しい庭は目線が制約されますが、この庭は一点を凝視したり、風が流れるように目線を流したり、思い思いに見ることができます。家屋や石、松などテーマを絞っても楽しめます。何度も訪れたくなる気持ちのいい庭ですね。

大胆で特徴的な石垣に、思わず目を奪われる

閬風亭から見た雨に煙る印月池。横へワイドに広がり、水辺から木々へ空へ。先へ先へと視界は延びていく（通常非公開）

印月池を見守る九重の石塔（中央）は、源融の供養塔とも伝わる

書院や茶室など多くの建物があり、庭になじんでいます。

建物ごとに用途に応じた庭があります。家屋と庭園がつながっている。「家庭」が出来上がっている。家と庭がセットになって空間を構成しているのです。また、広大な空間の一部分だけ切り取っても一つの世界が成立しています。周囲のビルに目がいってしまう人もいるけれど、びくともしない力強さがあります。

渉成園十三景のほかにも、見るべき場所が多いですね。

例えば茶室の「蘆菴《ろあん》」の前ですが、芝生方向から飛石を踏んで、蹲踞《つくばい》や茶室まで歩いてほしい。蹲踞近くの飛石は小さく、足元を見て歩くようになりますね。また、獅子吼《ししく》（石）からは京都タワーを「侵雪橋」越しに望めます。賛否両論ありますが、私はこの風景がとても好きでタワーを見るならこ

「広大な庭園では、ご自身だけのお気に入りスポットを探してみてはいかがでしょう」

塩釜の手水鉢。「縮遠亭へ続く中で、配置に趣向が凝らされている。ぜひつくばってみてほしい」

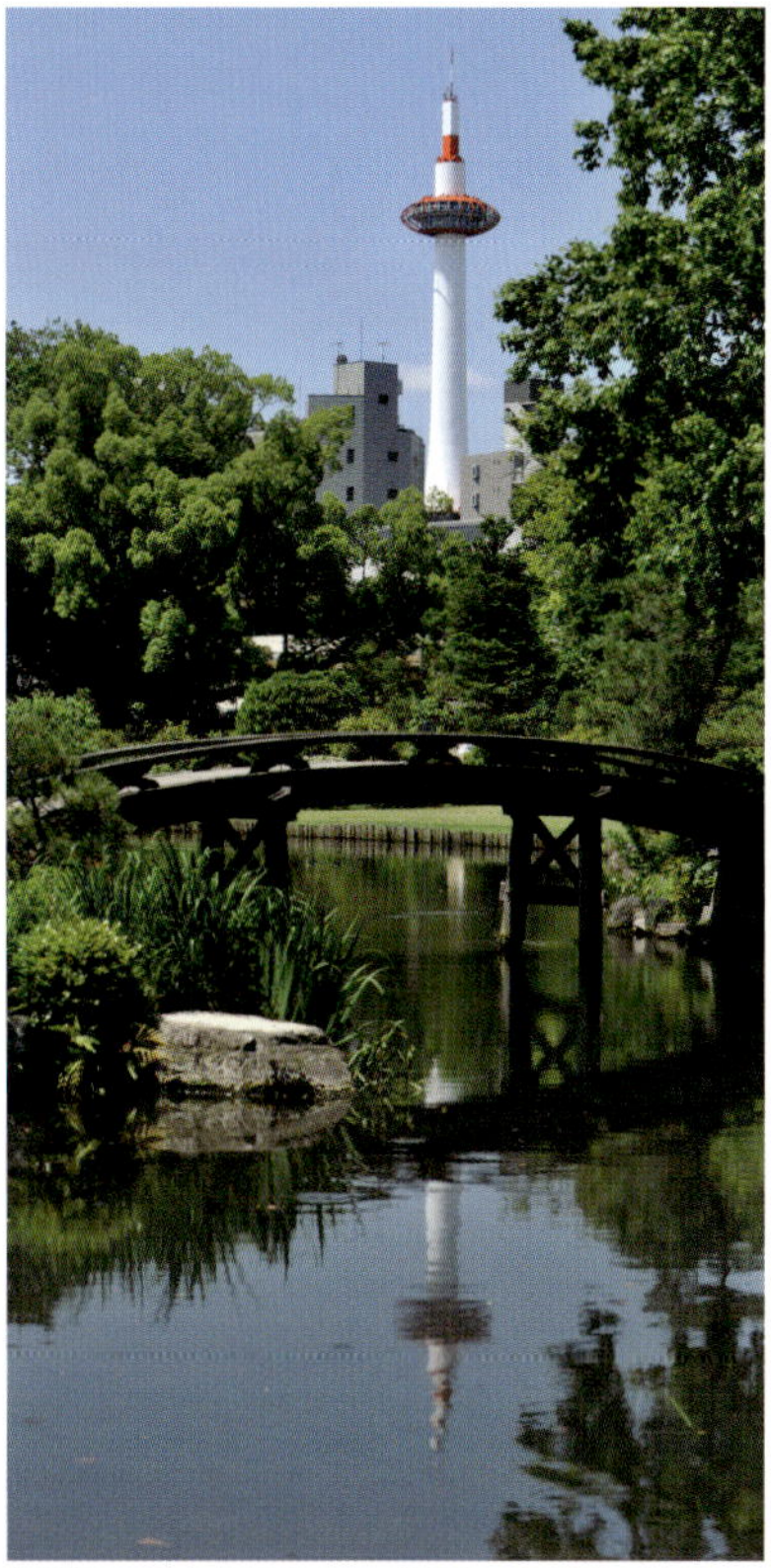

橋越しに望む京都タワー。梅雨の晴れ間、水面にタワーの影が映る

こ以上の場所はありません。今だからこそある景色で、時代を超えた文化の融合です。「碧玉《へきぎょく》の石幢《せきどう》」と呼ばれる石灯籠は、風化が味わいとなり、時代の生き証人となっています。茶室「縮遠亭《しゅくえんてい》」前にある「塩釜の手水鉢」は、石塔の一部を転用していて、しつらえが素晴らしい。

梅雨時の庭の楽しみは何でしょう。

庭はしっとりとぬれると緑が映えます。部屋から木々が揺れる様子などを見て雨を感じてほしい。雨の中、傘をさして歩いてみると、いつもと違う庭が味わえるでしょう。

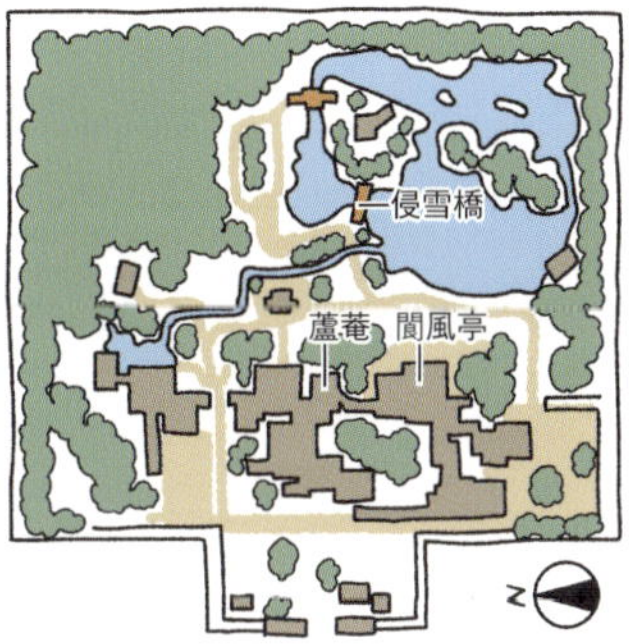

渉成園

東本願寺の別邸、隠居所として1641年に石川丈山が作庭したとされる。印月池を中心とした広大な池泉回遊式庭園。国の名勝。平安貴族源融の六条河原院跡とも伝わる。庭園維持寄付金を志納。

京都市下京区下珠数屋町通間之町
☎075(371)9210
JR京都駅より徒歩10分

夏

夏のお庭にお出掛け下さい。目を閉じると、川筋の水音が耳に届きます。スーッと通り抜ける風は、心までを涼やかにしてくれます。その感覚は不思議と肌身が覚えています。お庭と共に思い起こされる感覚です。

都林泉名勝図会「妙心塔頭退蔵院」（小川勝章蔵）

居初氏庭園《いそめしていえん》

家から見ると庭は家の一部であり
庭から見ると家は庭の一部なのです

琵琶湖が見渡せる爽快な居初《いそめ》氏庭園（滋賀県大津市）です。中世の堅田衆の威風を示す見事な庭で、揺れる葦《よし》の音と吹き抜ける風に夏を感じます。

人が住まなくなった家や庭などの文化財には、生活感が残っていないことが多いのですが、こちらは居初さんがずっと守り続け、居初家の歴史そのものが残っているところが魅力です。家庭の中で育まれた庭であり、拝見するとご先祖の堅田衆へとイメージがつながる。家族や歴史、大切な思いを庭が語り継いでいます。

庭のあちこちに配置された敷石が特徴的ですね。

茶室「天然図画《ずえ》亭」の沓脱《くつぬぎ》石から飛石が配列してあります。上から見下ろすと表情が豊かでどこを歩こうかという感じになる。多くの庭園は飛石のルートが限定されますが、この庭はいくつも選択肢があるのが魅力です。飛石のレイアウトが独特で、安定した配置で広がりがある。たくさん飛石があるとうるさくなりがちですが、この庭は機能性と意匠を兼ね備え、上品で重厚感がある。

沓脱石付近では茶室へ入る目線と庭へ出る両方の目線を意識してほしいですね。樹木の剪定《せんてい》も安定しています。常緑樹が多く、松の木は下枝が充実している。下枝は弱い枝です。普通は太陽が上の枝にあたり、下枝は枯れてしまう。これだけ下枝が豊かなのは、手入れが行き届いている証左です。

「居初家の尊い歴史は、これからも守り続けられていくのです」

青い空と琵琶湖、対岸の山々がうまく溶け合った庭園。葦群のざわめく音が心地よく響く

◉居初氏庭園

琵琶湖越しに近江富士（三上山）が見える借景もこの庭の魅力です。

天然図画亭の床の間の前が最もぜいたくな場所ですね。柱や襖《ふすま》を額縁のようにして、庭を切り取って見る風景も趣がある。目の前の葦が揺れるだけでもありがたいのに、琵琶湖が見え、対岸の山まで望むことができます。とりわけ空を見上げてほしい。空と湖の区別が徐々につかなくなり、向こうの世界がつながって見え、琵琶湖ならではの空を感じることができる。目をつぶって葦が風で揺れる音を聞くと、自然の尊さを感じます。長年蓄積された風景を見せてくれる庭で、今、作庭しようとしても絶対できないものを持っています。

琵琶湖側から振り返って見れば、天然図画亭の姿が素晴らしい景色です。家庭は、家と庭が一体になることが肝要で、家から見ると庭は家の一部に、庭から見ると家は庭の一部となるのです。

かやぶき屋根が美しい天然図画亭の前で。「暑い時期にも自然の尊さと庭の美しさを感じる、素晴らしい場所です」

床の間の前から眺める近江富士。葦群や琵琶湖とともに庭園の借景

「樹々のお手入れからも、注がれている愛情とご尽力を感じる」

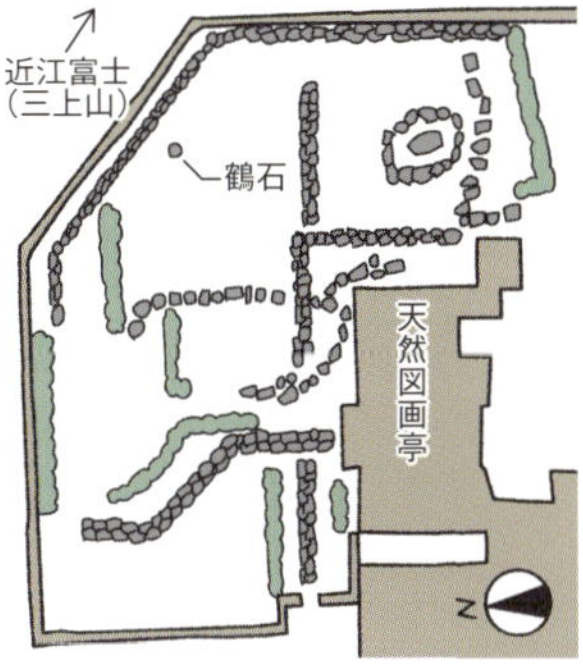

沓脱石からの飛石は独特な配置。歩く人の選択肢が広がる

居初氏庭園

居初氏は平安時代から堅田地域で漁業や船運を取り仕切ってきた。庭園は1681年ごろ、茶人藤村庸軒とその弟子北村幽安の設計と伝わる。国の名勝。琵琶湖畔にあり、茶室「天然図画亭」からの眺めは雄大で俳人の小林一茶も度々訪れたという。見学は予約制。

滋賀県大津市本堅田
☎077(572)0708／居初さん
JR堅田駅下車、徒歩約20分

法金剛院《ほうこんごういん》

庭全体が、蓮によって導かれている気がします

庭園で咲き誇る蓮の花。朝の時間帯に見ごろを迎える

「蓮の庭」として知られる法金剛院（京都市右京区）にやってきました。蝉《せみ》の声も朝の庭では涼やかに聞こえます。

参拝者は蓮の季節に多いですが、春には待賢門院桜、梅雨の時季にはアジサイが咲き、秋には紅葉が楽しめます。花園の地名からも右大臣清原夏野《きよはらのなつの》の山荘に花が植わり、発展した由来を感じ取れる。平安時代を感じさせる花園一帯を表す象徴的な花の寺といえます。季節ごとに足を運んでほしいですね。

池を覆い尽くす蓮の葉が圧巻です。

蓮の葉がない冬には庭の骨格を

蓮の葉が覆い尽くす庭園の池。この時季は朝から多くの参拝者が訪れる

見ることができ、目線は下にいきます。でも夏になると庭の石組や築山の稜線《りょうせん》が蓮の葉に包まれ、目線は葉の上に移る。葉の透け方や影が美しく、太陽の光と、見え隠れする水面の反射光で蓮の花がより輝きます。葉にたまった水滴が落ちていく様子にも趣があります。

浄土庭園は蓮の花が似合います。

葉が覆う池全体を見ると地面同様に起伏を感じます。葉の一枚ずつに表情があり、隣同士寄り添っている感じは人のようにも見えます。花がない時季は葉の折り重なりを楽しみ、つぼみができれば要として見て、咲いたならばお気に入りの花を探してはどうでしょう。蓮は泥の中から美しい花を咲かせて実を結ぶ、仏教思想の象徴的な花です。庭全体も蓮によって導かれている気がします。

北側には最古の人造の滝とされる「青女の滝」があります。

この滝は、作庭も行う石立僧《いしだてそう》・林賢《りんけん》と静意《じょうい》によって組まれました。一度完成した滝組は素晴らしく、賛辞を受けたはずですが、後にさらに高く組み上げたとされます。当時は仁和寺に伝わる作庭の書「山水並野形図《さんすいならびにのがたず》」を受け継いだ流派の僧侶が手腕を振るっていました。一度作った物に時代を経て多様な人が手を加えると、全くの別物になってしまう場合もありますが、分からないぐらいに一体化している。下の滝組への敬いがあり、その上に気概を持った仕事がなされています。私の仕事でも、先祖が手がけた庭にさらに物作りする際には、共同作業をしているような気がすることがあるのです。これまでの歴史に敬意を払い、新たな物を生み出していく。現代の作庭においても学ぶべき点だと思います。

「滝からの水を池へと注ぎ入れた遣水（やりみず）を眺め、平安時代の雰囲気を重ねてみます」

平安時代の面影が残る石積みには、歴史と、携わった人の思いも積み重ねられてます。これだけ著名な滝でもひけらかすような風情はなく、つつましい姿を残している。水の流れは、堅牢《けんろう》で大きな石に比べて清楚《せいそ》な感じを受けます。当時はどんな水が流れていたのか、想像をかきたてられます。

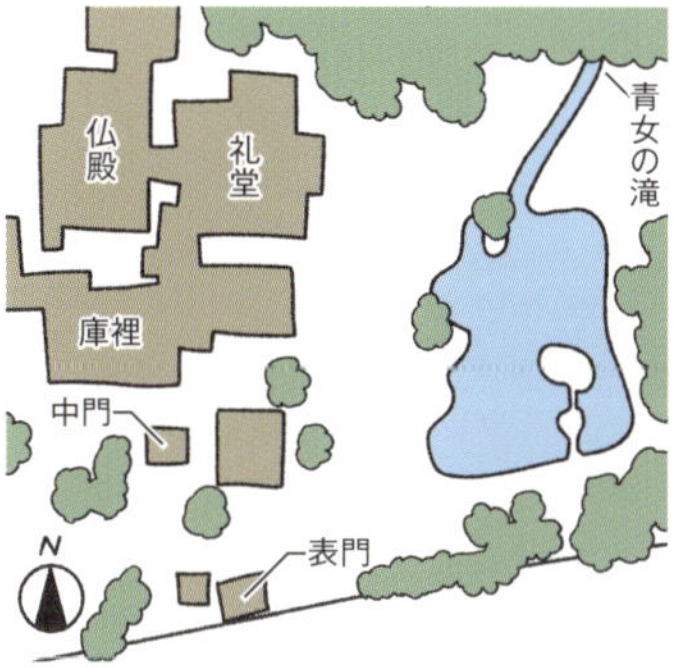

法金剛院

律宗の寺院。平安時代に右大臣清原夏野の山荘を寺に改め、双丘寺とした。その後、天安寺と称し、1130年に待賢門院が再興して現称となった。池泉回遊式の浄土庭園で特別名勝。「青女の滝」が平安時代の姿を現在に伝える。

京都市右京区花園扇野町
☎075(461)9428
JR花園駅より徒歩5分

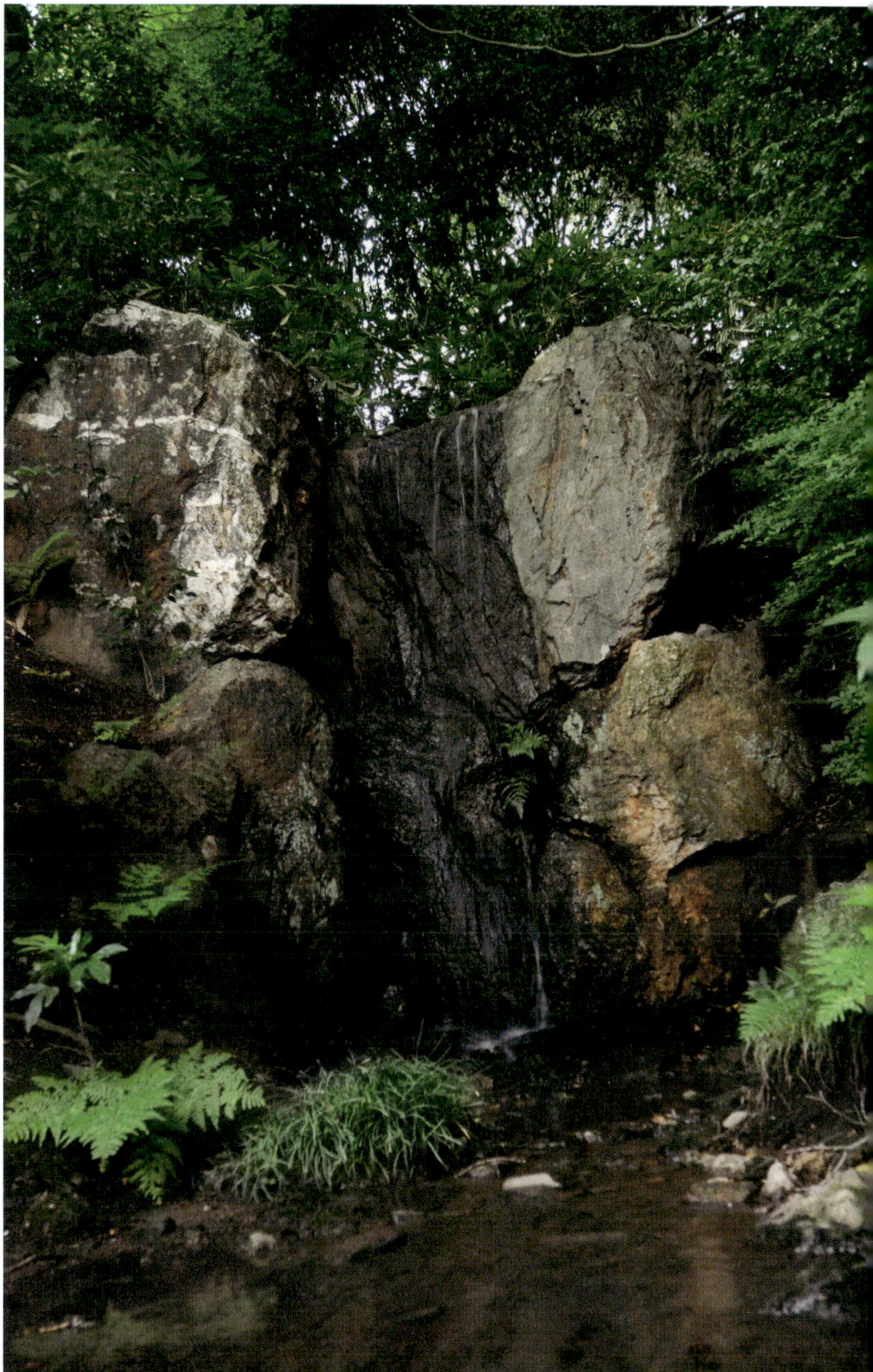

林賢と静意によって組まれた「青女の滝」。上下段ともに調和した雰囲気を醸し出す

◉退蔵院《たいぞういん》

見えない水のよさに気付かされます

水と庭の関係を求めて退蔵院（京都市右京区）を訪れました。まず中根金作氏の作庭で知られる余香苑《よこうえん》を歩いてみましょう。

余香苑には有名な水琴窟《すいきんくつ》があり、注がれる水を見ているだけでも涼やかですが、見えない水のよさにも気付かされます。水にも陰と陽があるのです。蹲踞《つくばい》の前で聞く水琴窟の音だけでなく、手水鉢《ちょうず》へと注がれる音、川筋の流れ、ししおどしの音など、水には豊かな表現がある。日本独特の見えない水の美しさでしょう。つくばうことで水の恩恵に気付く尊い場所です。

余香苑の水琴窟の前で。「いろいろな水を感じる入り口として、水琴窟を見てから庭を見学するといいですよ」

藤棚から眺める余香苑。滝組から流れ出す水の流れや周囲の築山が庭の奥行きを感じさせる

池泉回遊式の庭園で、暑い中でも涼しさを感じます。

庭を正面から見る場所に藤棚があります。この木陰があるから庭にたたずめる。逆に冬は落葉して太陽が差し込みます。作庭では、人が庭を見る場所を作ることも大切な要素です。石の腰掛けが複数あるので、座って庭を見てください。滝組の正面など、見てほしい角度にしつらえており、さまざまな庭の表情に出会えます。サツキの築山は低い刈り込みが特徴で山の稜線《りょうせん》を表現しています。滝の段差がいくつかあり、目に見える景観だけでなく見えない水の音も涼やかさを演出してくれる。木陰から眺めて水を感じられる夏の庭はありがたいですね。

しばし目を閉じると、清らかな水音が耳に響いてくる

余香苑の入り口には、陰と陽を表す庭がある。「陰の石庭」では、白砂の陽の庭と色目が異なり、静と動の対比を感じさせる

もう一つの庭「元信の庭」は、池泉式の余香苑と違い、枯山水の名庭ですね。

この庭は江戸期の「都林泉名勝図会」に掲載されています。石組では、石同士が接する箇所を「合端《あいば》」、石の上部分を「天端《てんば》」といいます。合端をよく見ると、石と石の間に空間があります。しかし、つながりはスムーズで石同士が引き立て合い、全体の流れを作りつつ、要の石を引き立てる。豪快な中に安定感を醸し出しています。天端は平らな面が多いのが特徴です。築山へとつながる石の裾野は広がり、折り重なる山々の稜線のようにも見えてくる。茶褐色の石からは荒涼とした大地や荒々しさを感じます。雨にぬれると、柔和なしとやかさも出てきます。

絵師の狩野元信作庭と伝わっています。

狩野派の礎を築いた元信が手がけたと考えるとロマンがあります。元信の山水図に描かれた山々は、険しさと穏やかさが同居し、石組や築山の雰囲気ともつながります。枯山水では築山が大陸を、白砂が大海を表す中で、元信独特の世界観や自然観を庭園に描いたといえるのではないでしょうか。

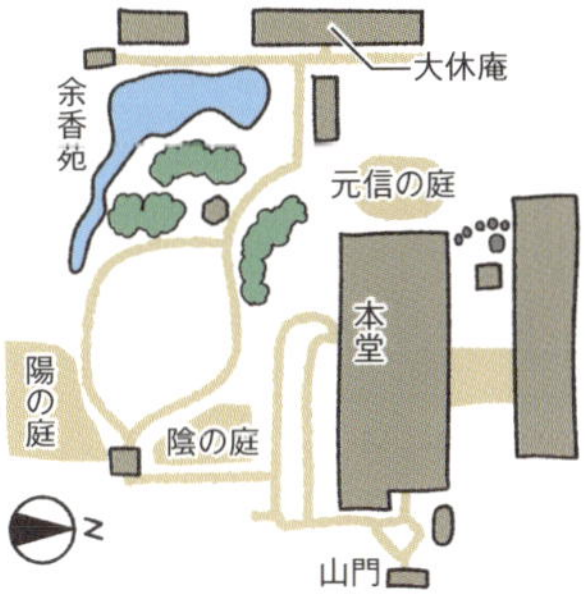

退蔵院

妙心寺の塔頭。1404年、波多野重通の建立。如拙(じょせつ)の瓢鮎(ひょうねん)図(国宝)を所蔵。庭園は、国の史跡名勝の「元信の庭」、昭和の作庭家中根金作による「余香苑」がある。

京都市右京区花園妙心寺町
☎075(463)2855
JR花園駅より徒歩10分

枯山水の「元信の庭」。一つ一つの石が山、築山は大きな山で、庭園全体が折り重なる稜線となる

◉大橋家庭園・苔涼庭《おおはしけていえん・たいりょうてい》

灯籠の数が多いと七代目も指摘したそうです

今回は涼しげな名前の大橋家庭園・苔涼庭（京都市伏見区）です。個人の邸宅の庭は落ち着きますね。

大橋さんによると、ご先祖は鮮魚の元請けをなさっていて大漁とかけて苔涼庭と名付けたそうです。現在の京都駅近くにあった庭園を、この伏見稲荷大社の近くに移したとのことです。庭を移す例は、家の移築と比べてそれほど多くはありません。面影を再現するのも難しかったでしょう。それでも移設したいと思うぐらいにこの庭を気に入って慈しんでおられたのだと思います。

灯籠が十二基※もあるそうです。庭の広さから考えると、とても多いですね。

立って見る庭もいいですが、縁側に腰掛けて見てください。何か

多くの灯籠が立ち並び、中央の降り蹲踞が目をひく苔涼庭

不思議な視線を感じませんか。たくさんの灯籠の火袋が縁側に向いていて、まるで灯籠に見られているような気持ちになります。部屋や縁側から庭園を見る際にはもっともな据え方です。大橋家では、奥の待合前の灯籠を除いたほぼすべての灯籠が縁側や家の方向に視線を送っています。この庭の作庭を監修した私の先祖七代目小川治兵衛は、灯籠の数の多さを大橋さんのご先祖に指摘したそうです。でも頑として灯籠の数を減らすことはなかったと伝わっています。

水琴窟《すいきんくつ》の庭として有名です。正面にある降り蹲踞《つくばい》が目をひきますね。

　庭全体を見ると、据えられた石は色目や質感がとりどりで個性的です。本来ならば、それぞれが主張し合いますが、しっとりと調和している。降り蹲踞の水琴窟へといざなう飛石も水の流れのように見えてきます。庭園内にある水琴窟の中で涼しげな水の音を聞けるのは二カ所あり、そのうち縁側の正面にある降り蹲踞の中に降りてみるとそこは別世界です。蹲踞や庭にそっと包み込まれるような感覚にとらわれます。庭園の中で最も象徴的であるこの蹲踞は周囲の飛石も歩きやすく、意匠性と機能性を両立させています。奥にある手水鉢《ちょうず》は降り蹲踞と対比させるかのように、あえて大胆に据えられている。手を伸ばしても柄杓《ひしゃく》へ届きづらく、周囲の飛石もやや大きめとなっています。

　水琴窟は、地中に伏せて埋めた甕《かめ》にたまった水に滴る水滴が内部で反響して美しい音を奏でます。手を清めた水をただ流すのでなく、余韻の残る音で人を魅了するのです。そして甕の中の水量によって音色も移ろう。大橋さんによると、正面の降り蹲踞の水琴窟は一定し

茶室付近は飛石の配列のリズムも変わる

て音色がよく、奥の水琴窟は水位による音の差が大きいといいます。暑い中で響く水の音は心に潤いを与えてくれます。

※取材後、1基破損し、現在の灯籠は十二基。

降り蹲踞に足を踏み入れると別世界。手水鉢から流れた水は地中の水琴窟へ。涼しげな音を奏でる

邸宅奥にある手水鉢。ここの下にも水琴窟があり、また違った音を楽しめる

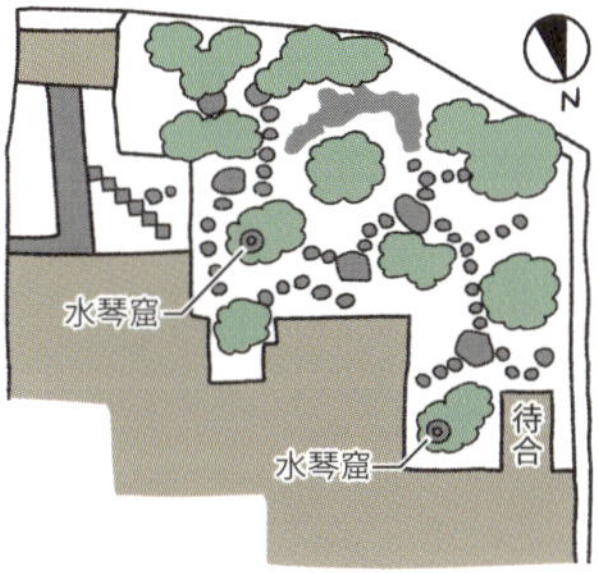

大橋家庭園・苔涼庭

1913(大正2)年に草津浜で鮮魚の元請けを営んでいた大橋仁兵衛が構えた隠居屋敷に、七代目小川治兵衛の監修で作庭された。京都市の名勝。さまざまな形の石灯籠と水琴窟が特徴。見学は予約制。

京都市伏見区深草開土町
☎075(641)1346／大橋さん
京阪 伏見稲荷駅より徒歩約7分

「庭園中央奥は、保津川の流れを表していると伝わります。枯滝の石組も愛宕山のように見えてきます」

◉並河靖之七宝記念館《なみかわやすゆきしっぽうきねんかん》

並河靖之七宝記念館

七代目の初期の作庭で いろんな試みが見られます

小川さんの祖先であり、数々の名庭を手がけた七代目小川治兵衛作庭の並河靖之七宝記念館(京都市東山区)です。

七代目の初期の作庭で、いろんな試みが見られます。本来、「植治の庭」は灯籠や石、木を単体で主張させることを控えます。役割を担うそれぞれが健やかにつながることで、庭園全体のおおらかさを醸し出します。しかし、この庭は単体でも映える石や木が多く、七代目の意欲が伝わってきます。池の中に飛石を配した「沢渡《さわたり》」は、ほかの別荘群や平安神宮の臥龍橋《がりゅうきょう》に通じるエッセンスが残っています。

灯籠の数が多く、目を引きますね。

灯籠のくりぬかれた部分を「火袋」といいますが、何だか顔のように見えてきませんか。部屋の中でも外でも灯籠に見守られている気がします。昨今は明かりをともす灯籠が少なくなりましたが、灯籠は外では足元を照らし、部屋から見るときは灯台のようなランドマークとなります。各灯籠の役割や、どこへ向いているかを考えながら見ると楽しい。部屋ごとにしかるべき灯籠があり、全体の庭が成立しています。

北側の応接間は、もてなしのための部屋で、前の灯籠や飛石は非常に大きく、威風堂々としたしつらえになっています。一文字の手水《ちょうず》鉢も鑑賞の要素が大きい。自然石の形を生かしながら鞍馬石を彫り込んだ象徴的な意匠の一つです。一方、非公開の南西側の部屋はかつて私的な空間でした。庭に使っている石は使い勝手のよい大きさとなり、棗《なつめ》形の手水鉢は、機能性を重視しています。

庭の鑑賞に適した場所はどこでしょう。

池に張り出した廊下の南東角に

琵琶湖疏水を引き込み、多くの灯籠や石を用いるなど、七代目小川治兵衛の意欲的な試みが数多くなされている

●並河靖之七宝記念館

鞍馬石を彫り込んだ一文字手水鉢。地面から浮かせて配置しているのが特徴

自然石と並ぶ石造物。対比することで、石造物は味わいも深まる

座っていると過ぎゆく時間を忘れます。東側と南側の庭が融合し、２７０度のパノラマが楽しめる特等席です。両隣の部屋に向けて据えられた灯籠ですが、こちらを向いているかのように感じます。また、水面に松の木や雲が映り込み、見ている自分が池に浮かんでいるような気がします。

九月の月はきれいです。夜の庭の魅力はどこにありますか。

物事には陰と陽があります。昼の庭と陽が陰ってからの庭のように。夜は月明かりの中、ゆったりと庭を楽しめます。全部見渡せるわけではないですが、昼の庭では見えないものが、月明かりの中で見えてくる。ご自身の庭ではもちろんのこと、いつも歩いている鴨川べりなど好きな場所で月を眺め、昼と違う時間をゆっくり感じるのも粋ではないでしょうか。

まるで大切な人を見守るかのように、灯籠が据えられている

「灯籠が多いと、調和をとるのが難しいものです。それぞれの灯籠と対話するように庭を歩いてもらいたいですね」

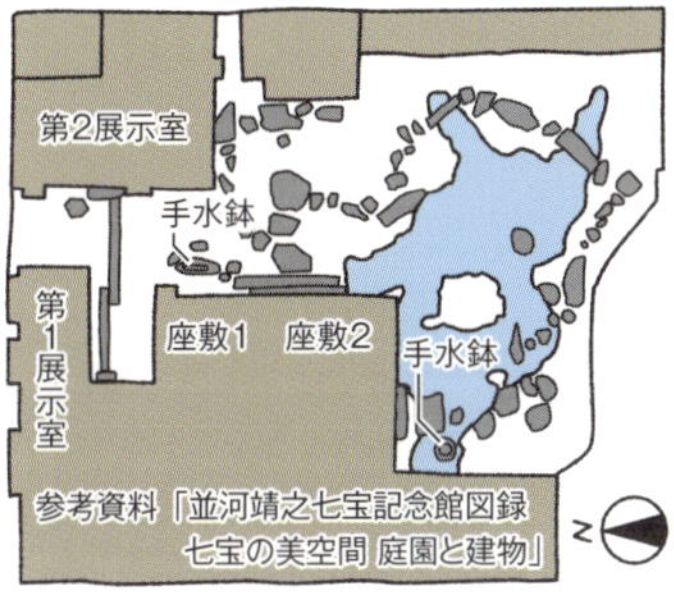

並河靖之七宝記念館

明治、大正時代に活躍した七宝家並河靖之(1845〜1927年)の旧邸兼工房。建物は1894(明治27)年完成。表屋、旧工房などは国の登録有形文化財。

京都市東山区三条通北裏白川筋東入ル堀池町
☎075(752)3277
地下鉄東西線 東山駅より徒歩3分

池に張り出した廊下の南東角は特等席。大きな松が映り込んだ水面が静かに揺れ動く

修学院離宮《しゅうがくいんりきゅう》

手を加えれば加えるほど自然の風景に近づいていきます

下離宮・寿月観の前にある飛石。「白糸の滝など水の音もすがすがしい」

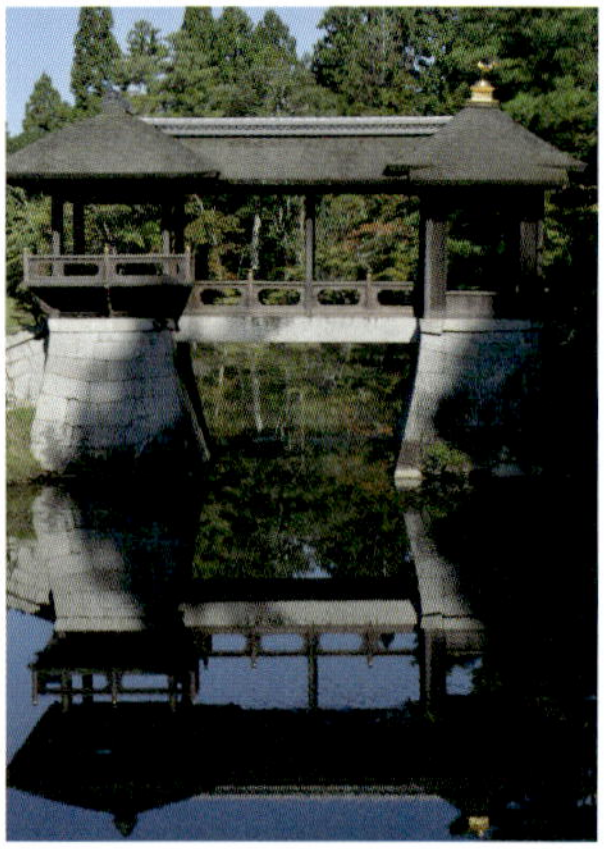

千歳橋を望む。「浴龍池はまるで自然そのものに思える景色ですが、そもそもは人工の産物です。人と自然の関わり方を庭園は教えてくれます」

上離宮の隣雲亭から眺めた浴龍池と京都の街並み

敷地が広大な修学院離宮（京都市左京区）は三つの離宮で構成されています。

人が手を加えれば加えるほどより自然の風景に近づいていく。植えた木は元からあるかのように、周囲の山と同化したように見える庭園です。上、中、下の各離宮庭園はそれぞれ特色があり、単独で完結しますが、その間を松並木が結びつけることで広大な庭園として成立しています。

まず下離宮から中離宮まで見ていきましょう。

下離宮の建物「寿月観《じゅげつかん》」の前の飛石の配列は粋であり、それでいて安定感があります。種類や石質が異なる石が交ざり、造営当初から移り変わった趣が見られます。下離宮から門をくぐると視界が一気に開け、松並木と田園が見えてくる。水田や畑を庭に取り込んでいるのはこの庭の特徴で、稲穂の実る時季に、収穫なさる農家の方々の営みも含めて景色となっている。幅広い借景が楽しめるのも特徴で、山を見上げる借景のほか、中離宮付近から振り返れば、京都の街並みを見下ろす借景もあります。近景、中景、遠景は場所によって違う主役を引き立て合うのです。

上離宮への松並木も趣があります。

背の高さにまで配慮が行き届いた松の枝葉は全てを隠すこともなく、全てを見せるわけでもありません。その景色が次の展開への期待感を演出しています。土堤や石垣を覆う大刈込を間近に感じながら、次第に視界が集約されていくようにコントロールされています。つまり、大事な物を美しく見せるしつらえがある。見えていない所にまで配慮を積み重ねる日本人の心が反映されていると感じます。

中離宮・客殿の「霞棚」。天下の三棚の一つ。「部屋の内にも外にも霞がたなびく独特の景色です」

上離宮では、最も高い場所にある「隣雲亭《りんうんてい》」から眺める「浴龍池《よくりゅうち》」は雄大です。

上離宮では浴龍池を東から見れば見下ろす借景となり、西から見れば山を見上げる借景となる。見下ろすと近景に池、中景に山と街、遠景にも山が見えるぜいたくな眺めです。池の周囲を歩くと、間近に見る池の表情も違う。三保の松原になぞらえた「三保ヶ島」では、比叡山を富士山に見立てています。この庭は後水尾上皇の強い思いとロマンの結晶です。どんな心持ちで高見から御所をご覧になったのか、上皇の目線で大切にイメージしたいものです。

隣雲亭の軒下のたたきに埋め込まれた一二三（ひふみ）石。「小さな石に、大きな力が宿っています」

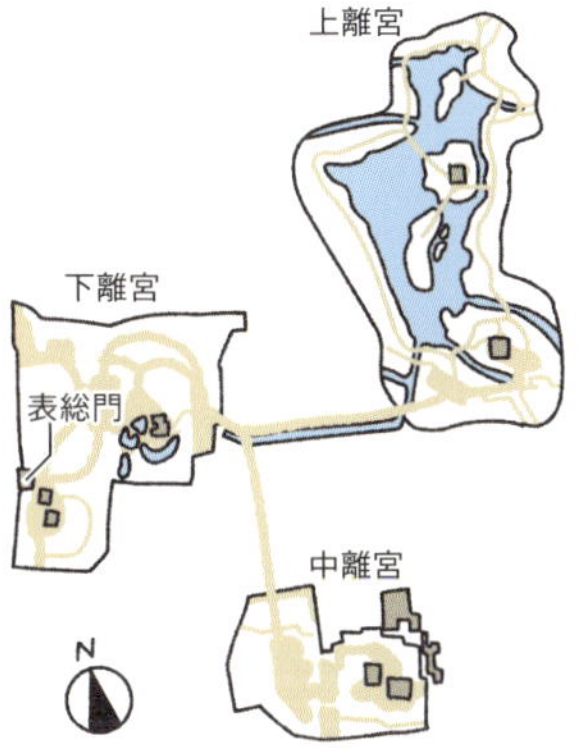

修学院離宮

後水尾上皇の造営で1659年にほぼ完成。上、中、下の離宮があり、田園や周囲の山々、京都市街を借景とする広大な離宮。総面積は54万5千平方メートル。下離宮には寿月観、中離宮には楽只軒(らくしけん)などがある。上離宮は浴龍池が中心の回遊式庭園で、隣雲亭からの景色は雄大。(参観手続きは要確認)

京都市左京区修学院
☎075(211)1215／宮内庁京都事務所参観係
http://sankan.kunaicho.go.jp/
叡電 修学院駅より徒歩20分

背景の緑が水面に映り込む。中の島はいっそう際立つ

上離宮への松並木が、周囲の山々に同化している。参観者の期待を膨らませる動線となっている。

常緑樹に映える田園風景。「季節感を表し、収穫をもたらす。稲の尊さに改めて気付かされます」

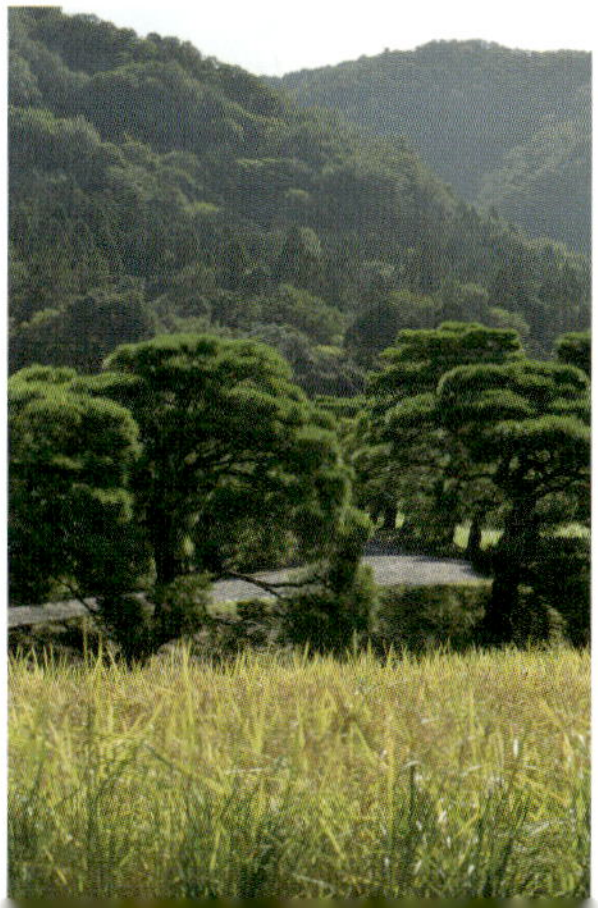

◉桂離宮《かつらりきゅう》

敷石のフォルムまでもが斬新なんです

八条宮家の別荘として創建された桂離宮（京都市西京区）です。変わった竹垣が目につきますね。

桂離宮は独特のしつらえが多いのですが、竹垣もその一つです。垣根の上に竹を湾曲させて覆い、二重の垣根になっている。桂離宮には随所に独自の工夫が見られます。表門から御幸門までずっと見渡せて包み込むような紅葉と黒松に包まれている。ここは遠近法によるビスタが効いています。御幸道に敷き詰められた「あられこぼし」は、一つとして同じ表情がありません。

落ち着いた趣の「外腰掛」が見えてきました。

足元の飛石に注目して下さい。大丸みを帯びた石と角張った石、大きな石、小さな石が得も言われぬ取り合わせとバランスで配置されています。洗練された雰囲気の中でアバンギャルドともとれる表現をしている。当時は衝撃的だったのではないでしょうか。例えば、飛石では石同士の間隔やその相性を大切にします。これを合端《あいば》といいますが、歩きやすく安心感を与えるため、平行に見せて据えるのが定石です。しかし、桂離宮では石の直線部や曲線部に、もう一方の石の頂点を当てている場合がある。危ういと感じる部分には二つを合わせた飛石もある。思い切りのよい据え方をしながらも安全に配慮している。足元から刺激を与え、心を沸き立たせます。

大きな池と州浜《すはま》が見えてきました。天橋立に見立てたエリアがあります。

もし池を舟で渡ったらどういう景色に見えるのかを想像してしま

書院と月波楼を望む。「桂離宮に訪れるたび、日本人としての美意識を問われているように感じます」

います。突端の灯籠を灯台に見立てると、目線の尺度がスケールダウンして松の木が松の林に見えてくる。人の目線や心を引きつけるトリックがあります。松琴亭の床の間付近からは天橋立が正面に見えたはず。広い庭園ですが、ピンポイントで大切な方にご覧頂きたい景色を設けています。

ぐるりと回って賞花亭へと移動します。

最も高台にある茶亭ですね。作庭では池を掘る作業と山を作る作業はイコールでどこに土を盛るかを考えます。山を水の中に作ったような感じで、橋でアクセスできるようにもなっている。囲われた世界の中で起伏を作り、物語を構築できたのは、計画段階の地割が秀逸だったのでしょう。賞花亭の山裾にある園林堂でも足元に注目して下さい。敷石のフォルムだけでも斬新なんですよ。切石をあえて斜めにして、苔地からあられこぼしの先へと配してつながる景色が、桂離宮の美しさのバランスの肝に見えてきます。どうしても乱したくない部分で、あまり冒険心を出しすぎてもいけない。あえて敷石の角度を変えて際立たせ、ほんの少しの歪みが美しく見えるように石の配列が仕組まれている。苔の上に全部を配さずにあえて半分出した。それが上品に見えるのです。

計算され尽くした切石の並びに息をのむ。「この美的感覚は模倣することすら困難なほどです」

目線を上げれば、空までを取込み庭園は雄大に広がる。目線を下げれば、足元に至るまで、緻密な工夫の数々を目の当たりにする

智仁親王妃常照院は宮津藩主京極高知の息女である。「宮津を象徴する天橋立を見立てるところに、親王妃に寄せた（智仁親王の）思いを感じます」

古書院の月見台や茶亭の月波楼は、月を鑑賞した桂離宮の大切な空間と言えますね。

古書院は無駄をそぎ落としたシンプルさがあります。月見台でお月さまをいかに愛でて頂こうかという場所だったからだと思います。大事な方と静かに語らい、時にお酒をくみかわす。夜には月が水面に映り込むのでしょうね。月波楼も夜には大事な場所で、お月さまをいろんな角度から楽しんだのでしょう。今はライトアップの技術が進歩していますが、当時は夜の静寂の中で心が研ぎ澄まれ、着飾ることなく、お月さまに心を委ねて話ができた。現在はそういう環境や心境を忘れがちです。闇と月と虫の音だけで心も変わる。夜をもっと大切にしたいものです。

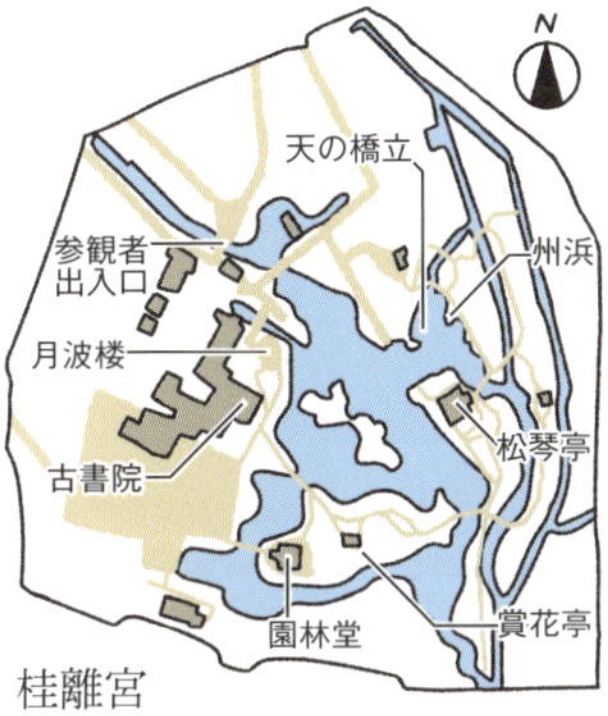

桂離宮

江戸時代初期に後陽成天皇の弟・八条宮智仁親王が別荘として創建。二代目・智忠親王が手を加え、茶亭や御殿を新増築した。総面積は付属池も含めて約6万9千平方メートルに及ぶ。回遊式庭園に数寄屋建築が絶妙な調和をもたらし、ドイツの建築家ブルーノ・タウトは「泣きたくなるほど美しい」と称賛している。(参観手続きは要確認)

京都市西京区桂御園
☎075(211)1215／宮内庁京都事務所参観係
http://sankan.kunaicho.go.jp/
阪急 桂駅より徒歩20分

川石を敷き詰めた州浜は、海辺の景色を思わせる。池はまるで大海原へと繋がる様。灯台に重ねられる岬燈籠は心のよりどころとなる

古書院、月見台から池泉を望む。当時、庭園の主役は月であり、また人の心であったのかもしれない

桂離宮の沓脱石や飛石は極めて特徴的。鋭い表情の石も用いて、動線の中に独特のリズムを生み出す

◉円山公園《まるやまこうえん》

花見ばかり注目されますが、実は物語が詰まったお庭です

春には枝垂れ桜を中心に花見でにぎわう公園ですが、朝はゆっくりと散策できますね。

桜の花は春だけ咲き、散ったら次の年まで忘れ去られるかわいそうな木でもあります。春には花見ばかりでじっくり庭を鑑賞する人は少ないですが、よく見ると物語が詰まっています。公園の入り口がたくさんあり、どこからでも受け入れる多様性と多面性があります。公園の東側には山、西側には街がある。琵琶湖疏水を取り込んで作った庭で、山の向こうから琵琶湖の気配が伝わってきます。

中央の池が印象的な風景を作り出していますね。

最も良いビューポイントは池の西側にある舟着石でしょう。正面

垂直に落下する水と交差しながら石に伝い落ちる水。「シンプルに見えますが、複雑な滝組です」

見る場所によって石の表情は移ろう。「円山公園にこのような景色があることはあまり知られてないのでは」

には緩やかな川筋が小さな滝のように見える。石橋とその向こうに広がる池や石組みも見える最良の場所です。七代目小川治兵衛の庭はあまりパーツに頼ることはしませんでしたが、この石橋はないと庭が成立しないほど強い力を持っています。石橋の手前、真ん中、渡って振り返る視点からもご覧になって頂きたい。

池の中には多くの石が据えられていますね。

七代目らしからぬ石の据え方がなされています。あえて水面全てを白砂にした枯山水庭園としてイメージすると、石の意味合いがよく分かる。池の護岸には橋脚の円柱をいくつも使っています。円柱をグループとして据えているのも特徴です。七代目には松や桜を群としてかためて植える傾向がありました。円柱と自然石との組み合わせは、ともすれば統一感がとりにくいのですが、うまく使えばアクセントになります。グループ状の円柱は、山にも見えてくる。「円山公園」だからこそのあつらえかもしれません。

園内の植栽は桜ばかりではないですね。

園内には松の木が多く植わっています。かつて背後の山はアカマツ中心だったため、その植生に合わせて園内にも松を植えたと言われています。しかし、そうとばかりは限りません。実は園内では圧倒的にクロマツが多いのです。その中でリズムを変えたり、着目してほしい場所にあえてアカマツを植えている。松の植え分けは七代目らしいですね。平安神宮では外側にクロマツを植え、内側にアカマツを植えている。落葉樹の桜を引き立てる常緑樹の松を大切にしたのだと思います。

「今年もあの人に会いに行きたい。そう思わせる、人のような桜です」

舟着石から望むと、山や空もまるで庭園と同化したかのようだ

東側の山へ向かって川沿いの道を歩いていきます。

今は水量が少ないですが、かつてはもっと水が流れていたのでしょう。川には七代目による平安神宮の庭と似た沢渡があり、後の七代目につながる作風が感じられます。夏の花であるサルスベリのゾーンは、川の音を聞きながら夏の涼を感じるポイントにしていたことが分かります。途中で川がY字型に合流している部分は、無鄰菴の川筋にも共通します。十一代小川治兵衛はそれを出町柳であろうと語っています。七代目が手がけた池では琵琶湖の形などもあり、京都や滋賀の景色をよくイメージしていました。

奥に進むと滝があり、水量が少ない時には石の組み方が見られます。まっすぐと交差する水の流れを両方見せる複雑な組み方をしていて、七代目が好んだ縞の文様が入った「守山石」も使っています。

円山公園の整備が計画されているようです。

今の公園の状態では、石橋を渡った東側は何となく散策する地帯になっていて、池と桜だけで公園の物語が終わっている気がします。

全てを復元するのは難しいとは思いますが、何に重きを置いて何を目指すのか、整備は今後の一つの試金石になると考えます。

円山公園

1886(明治19)年に完成した京都市内で最も古い公園。回遊式の日本庭園は七代目小川治兵衛が作庭に携わり、徐々に拡張された。中央のしだれ桜を中心に京都の花見の名所としても知られる。

京都市東山区円山町
☎075(643)5405／京都市南部みどり管理事務所
京阪 祇園四条駅から徒歩10分

「石橋より東側をゆっくり散策してみてはいかがでしょう。庭園の思わぬ表情に出会えます」

座談録

（いずれも肩書は当時のままです）

第16回 伝統フォーラム

「和の町並み、和の暮らし」心が形をつくる 形が心を伝える

工夫次第で将来明るい
■立命館大理工学部教授
山崎 正史 氏

町なかで自然感じる庭
■京都秦家主宰
秦 めぐみ 氏

土に触れ地球と対話を
小川 勝章 氏

伝統的な町並みや暮らしの継承を考える第16回伝統フォーラム「和の町並み、和の暮らし」（主催・京都伝統建築技術協会、京都新聞社、協力・NPO法人京都伝統フォーラム）が2012年12月6日、京都市中京区の京都新聞文化ホールで開かれた。パネリストの立命館大理工学部教授・山崎正史氏、作庭家・小川勝章氏、京都秦家主宰・秦めぐみ氏の3氏が、伝統を現代に生かす意味について語り合った。コーディネーターは京都新聞総合研究所特別理事の吉澤健吉氏が務めた。

吉澤　伝統的な町並みや和の暮らしが京都からも消えつつあります。みなさんはどのようにお考えですか。

山崎　伝統技術や町家、和風の庭が、京都でさえ存続の危機にある。どうしたらいいかを話してほしいとの依頼を受けたので、まずは伝統に関して国民の関心はどうかをインターネットの検索数で調べてみました。キーワードとして「和風」を入れると７２４０万件、「伝統職人」と「伝統技術」だと合計で６２４０万件、どちらも1億２８００万人の国民の60％近い数字で関心はかなり高いとも言えます。ちなみに「伝統建築の技術」だと８７６万件で7％との結果が出ました。

インターネット検索は若い層が中心に利用していますから、必ずしも伝統技術や和風の将来を悲観することはなく、むしろマーケティングというか、市場創造の工夫次第で将来は明るいととらえることができるのではないでしょうか。

小川　江戸時代の宝暦年間（1751－1763）、初代小川治兵衛から250余年、京都を中心に作庭を続けている家に生まれた私は、先祖や親が作り、維持管理している庭を遊び場に育ちました。庭の樹木や石を見ていると魂が宿っているようで、タイムカプセルのように作庭された当時がよみがえり、施主様への配慮や作業への工夫を教えられます。現代を生きる私に、時代を超えて心のやりとりを伝える庭を作れというメッセージを託しているような錯覚にとらわれたことも、しばしばありました。

「家庭」とはよくできた言葉で、家と庭がセットで家庭だと日本人は考えていたのでしょう。私が現場でいつも感じるのは、そこに人がいるから庭も生き生きするということです。伝統技術も町家も、人が利用してこそ長生きするのではないでしょうか。

秦　秦家住宅（京都市下京区）は明治2（1869）年に再建された「表屋造り」の京町家で、京都市有形文化財に登録されています。当家には、三方から明かりと風を取り込む中庭と、私生活空間を取り込む奥庭とがあります。中庭は、つくばいと石灯籠《どうろう》、年を通して緑の葉を揺らす棕櫚《しゅろ》竹を配した簡素な佇まいを見せています。これに対し来訪者を迎える座敷のガラス障子越しに広がる奥庭は、季節の表情も豊かに静かな空間が広がります。

子どものころは大人の目を盗んでこっそり入って遊んだ奥庭ですが、今でも苔のあいだに生えた小さな草をピンセットで抜き取ったり、落ち葉掃きなどの庭仕事は、町なかの住まいにあって自然に浸れるひとときで、私にとって貴

やまさき・まさふみ

1947年、京都市生まれ。京都大工学部建築学科卒。京都、近江八幡など各地で歴史的町並みと景観保全に携わってきた。立命館大助教授を経て97年から現職。

はた・めぐみ

1957年、京都市生まれ。生家は18世紀半ばから続いた薬種商。明治初期に再建された京町家を96年から一般公開し、生活習慣や年中歳時など伝えながら、維持保存に携わる。

無鄰菴の滝口から振り返ると、水面にも景色が広がる。写りこむ樹々はフレームとなり、上下に空を感じることができる（京都市左京区）

重な気分転換になっています。

小川　秦家の中庭に植えられている棕櫚竹はヤシ科で、中国南部や東南アジアを中心に分布しています。日照や通風の限られる中庭は、ともすれば植物にとって厳しい環境となりますが、棕櫚竹はその様な立地でも丈夫に育ちます。京都でありながら南国の装いでお客さまをもてなす。これを選択した秦家のご先祖は、伝統と革新を融合させる心を持った、さぞ粋な方だったんだろうと想像できます。

秦さんは奥庭に降りて雑草抜きの作業をされるとのことでした。土に触れると汚れるといって嫌がる方も最近はおられるようですが、庭に向き合い地面に顔を近づけ、草花や土を触ることは地球と対話しているということにもなります。地球と話し合う機会を、もっと多くの人に思い出していただきたいと感じます。

山崎　ちょっと難しい言葉ですが、対立概念は対立図式だけではとらえきれず、中間の諸段階を介して連続的につながっているという「遷移的対立概念」を私は提唱しています。伝統と革新は一挙に変化するのではなくて、例えば和風から洋風へと建築形式は推移していますが、どこかの中間地点では必ずつながっています。このつながりがある限り伝統は廃ることはないはずです。フランス料理店の壁の一部に床の間的なデザインがあったとします。それを邪道だと言わず、あえて洋風建築にも伝統技術の導入を推進する。これも伝統の生きる道ではないでしょうか。

小川さんの仕事では、神の産物である庭の樹木や石と人間が対話すると言われました。秦家の中庭には洋風な棕櫚竹がある。こうした連続性のあるつながりが、伝統を守る上では大事なことだと考えます。

吉澤　40年間、京都の伝統的な町並み保存にかかわってきた山崎さんにお聞きしたいのですが、京都市内から町家がだんだんと消え、ビルが建ち始めたのは、いつごろからだったのでしょうか。

山崎　特に防火面の規制を強化した「建築基準法」の改正が契機になり、伝統的構造の建築物の新築や建て替えが規制されたころからです。これに「都市計画法」が加わり、さらに相続税の支払いで町家を壊さざるを得ない家主も増え、京都の伝統的な町並みが総崩れ状態になりました。

評論家の加藤周一氏が「京都は国を挙げて守らなくてはならない世界の宝だ」と言い、識者の多くが賛同していますが、国の認識がまだ甘い。京都の大切さにこれまで以上に目覚めてもらいたいところです。

吉澤　秦家では、家に伝わる行事を今も連綿と続けておら

風と光を取り込む秦家の中庭には南国の棕櫚竹が植えられ、訪れた客をもてなす（京都市下京区）

伝統の町並み、暮らしについて語り合ったフォーラム会場（昨年12月6日、京都市中京区・京都新聞文化ホール）

れますが、家の維持も含め大変なご苦労でしょう。

秦　変えることなく同じ事を繰り返す意味の深さとでも言うのでしょうか。毎年、月々に巡ってくる行事との付き合いからは、現代を生きる私たちが忘れてはいけない、何かとても大切なモノと向き合う時間を与えられているように感じています。そしてこの感覚は、建物が喜ぶ活用の在り方を模索している私にとって心の道しるべになっているんです。

吉澤　最後に、それぞれのお立場から伝統を現代に生かす意味について聞かせてください。

小川　庭というのは、家の中から眺めることを基本の形に作られていますが、私ども植治では、庭から家庭を見る目線も大切にしています。おうちの庭でも、拝観先の庭でも見られるとき、かわいいなあるいは格好いいなという目線で接してください。すると庭も思わずうれしくなり、にこっとほほ笑む瞬間があるはずです。日本庭園も一つの伝統的な形ですが、心が宿っているのは間違いありませんからね。

秦　ある辞書に、伝統とは精神的在り方であるとありますが、私も、人の心の在りようが形を造るのではないかと思います。現代に誇れる伝統的住まいの空間の豊かさ、おもしろく暮らしを創造することの楽しさをお伝えすることができればと思っています。

山崎　一時、町家に住むのは時代遅れだ、恥ずかしいという気持ちが人々の間にあったことは否めません。ところが最近、むしろ町家住まいがステータスになりつつあります。形があるから心も伝わる。伝統とはそういうものでしょう。

（京都新聞2013年1月9日付朝刊より）

第6回
岡山・京都
文化フォーラム

「京の庭・植治の庭」名園は時を超えて

「大名庭園」と共通する
■国際日本文化研究センター教授
白幡 洋三郎 氏

水との深い関係感じる
■フリーアナウンサー
遠藤 寛子 氏

心安らぐ優しい石使う
小川 勝章 氏

第6回岡山・京都文化フォーラム「京の庭・植治の庭」（主催・山陽新聞社、京都新聞）が2014年3月16日、岡山市北区の岡山県総合福祉会館で開かれた。近代庭園づくりの先駆者として名高い七代目小川治兵衛（屋号・植治）の作品を中心に、次期十二代目小川勝章氏、国際日本文化研究センター教授（当時）白幡洋三郎氏、フリーアナウンサー遠藤寛子氏が庭園の魅力を語りあった。コーディネーターは、江見肇・山陽新聞社編集局次長が務めた。

見せずに感じさせる　小川氏

大津から京都に水を供給する琵琶湖疏水が完成したのは明治23（1890）年のこと。七代目小川治兵衛はこの「夢の水」を利用し、山縣有朋公の別荘・無鄰菴《むりんあん》、平安神宮（京都市左京区）、円山公園（東山区）などの庭園を手がけ、植治流を確立しました。

私は遊び場でもあった庭から多くのことを学びました。木にも石にも一番いい顔があります。自然に生えている樹木は枝葉を自由に伸ばし、太陽に向かって笑っているものです。本来、人間には届かぬその笑顔を見ていただくために、私たち作庭家は樹木を庭へと移動させ、剪定《せんてい》します。重機のなかった時代は樹木を掘り起こすことも大変な作業でした。自然への憧れや敬意が強かったことがうかがえます。

庭づくりにおいて滝などの見せ場をつくることはもちろん重要ですが、それを見ていただく舞台を用意するのも作庭家の大切な仕事です。飛び石には歩く人の動線を導く役割があります。足元を見ながら歩いていたのに自然と足が止まって顔を上げたくなったら、そこには石を配置した作り手が見てほしいと願った景色があるに違いありません。

床の間付近から臨む景色を庭の正面の顔とすると、庭にも横顔や後ろ姿があります。七代目が作庭した無鄰菴の池は、立ちあがると見えますが、座っていると見えません。ですが水面のきらめきで、わずかに池の気配が感じられます。見せずして感じさせる、そんな庭づくりを七代目は好みました。庭園には言葉にならない言葉、思いがたくさん込められています。時代を超えたその思いを見て察することができたら、とてもすてきなことです。お庭のいろいろな顔を見に、ぜひ季節を変えて、京都へお出掛けください。

京都は庭園都市とも　白幡氏

神社・仏閣が多い京都には、京都市内だけでも2千を超える社寺があります。平安時代以降の仏教寺院には庭園があり、神社は境内そのものが「神の庭」と考えられるので、京都は庭園都市と見ることもできます。ところが私は京都大学で過ごした学生時代、庭園見物をした記憶がほとんどありません。庭園の奥深い意味まで教わり学んでいなかったせいです。

日本の庭園には四つの主要な様式があります。第1は平安時代に完成した寝殿造り。平等院鳳凰堂（宇治市）のような貴族の館では、大きな池の手前に築山や滝のある平庭をつくりました。第2は鎌倉・室町時代の枯山水。石と白砂

しらはた・ようざぶろう

1949年生まれ。京都大大学院農学研究科博士課程修了。農学博士。京都大農学部助手などを経て、今年3月まで国際日本文化研究センター教授。4月から中部大特任教授。専門は比較文化。主な著書に「プラントハンター」、「近代都市公園史の研究」など。

えんどう・ひろこ

1993年岡山大文学部哲学科卒。同年RSK山陽放送に入社、夕方のローカルワイドニュースなどでアナウンサーとして活躍。2000年に退職後、フリーになり、ラジオのパーソナリティーや司会、朗読指導など行っている。倉敷芸術科学大非常勤講師。

七代目の作庭など紹介する小川勝章氏

だけで表現された龍安寺（京都市右京区）の石庭が有名です。第3は室町・桃山時代の書院造り。銀閣寺庭園（左京区）のように、座敷から眺めて美しい庭です。第4は江戸時代に大名屋敷でつくられた回遊式庭園。岡山の後楽園（岡山市）もそうですが、大規模な園内を巡ると全ての様式が楽しめます。

残念なことに、明治時代以降の日本庭園には様式と呼べるものが生まれませんでした。唯一あるとすれば「植治の庭」だと私は考えています。早くから製図の技術が発達していた西洋と異なり、庭を現場の判断でつくってきた日本では設計図がありません。守り伝える後世の人次第で庭の姿はどのようにも変わります。明治時代の日本庭園を考える上で植治の庭は重要であり、将来「植治様式」と呼ばれる日が来るかもしれません。

京都市が所有・管理している無鄰菴は年末年始を除いて一般公開されています。有料ですが抹茶も提供されているので、一服して、ゆっくり回ってみてはいかがでしょうか。

心奥深く自分と対話　遠藤氏

転勤が多かった私の父は、転居先で必ず家族を観光スポットへ連れて行ってくれました。私が旅を好きになったのは、そのおかげかもしれません。今では行ったことのない都道府県がほとんどなくなりました。旅の一番の面白さは、その場所に行かなければ分からないものに出合えることです。人や食べ物のように直接触れられるものはもちろん、訪れたことでインスピレーションを得たり、新たな自分を発見したりの旅は豊かな心をも育んでくれます。

京都は繰り返し訪れたくなる街です。食文化、建築、伝統芸能、工芸品等、行きたい場所が多くて選ぶのに困るほどですが、私が一番よく行くのは庭園です。中でも初めて龍安寺の石庭を訪れた日のことは忘れられません。その日も龍安寺は多くの観光客でにぎわっていました。方丈の縁側に座って枯山水を眺めながら、大海原に見立てたものだろうか、それとも宇宙空間だろうか、と想像を巡らしていると、心の奥深くで自分と対話しているような不思議な感覚に陥りました。庭園には自分の内面と静かに向き合える豊かさがあるようです。

岡山県吉備中央町出身の重森三玲が手掛けた松尾大社・曲水の庭（京都市西京区）

七代目小川治兵衛の代表作の一つ、無鄰菴。明るい空間を生み出した（京都市左京区）

七代目小川治兵衛

庭園の歴史や魅力などについて議論を深めるパネリストら（岡山市北区・岡山県総合福祉会館）

先日、久しぶりに龍安寺を再訪しました。修学旅行に来た子どもたちが15個あるという石の数を何度も数える横で、若い女性グループが無言のままじっとしています。気になって見ていると、しばらくして一人が「ここって無になれるよね」と言うではありませんか。

確かに、毎日多くの情報が飛び交う現代社会では、余計なことを考えずに過ごせる空間は貴重です。その日の庭は、なぜか私の思い出の中にある庭より小さく見えました。時間を置いて再訪すると、感じることが違うのもまた興味深いところです。

【座談会】

—植治の庭の特徴、魅力は何でしょう。

小川　七代目は、自然の流れを大事にしていました。一般にツツジは丸く剪定されることが多い木ですが、植治流では、地面の起伏のように、なだらかな剪定をします。光と影、明暗に気を配り、自然界と同様、庭にも明るい空間だけでなく、薄暗い空間を取り入れていました。風や雨はコントロールできませんが、そういうものさえ心地よく感じるような庭を次代につないでいきたいと、思っていたに違いありません。

「石には三つの顔がある」とは父から教わった言葉です。平らで歩きやすい石は、のっぺりとした顔。同じ石でも見る角度が違えば怒った顔にも笑った顔にも見えます。私邸が多い植治の庭では、心安らぐ優しい顔の石を使うことが多く、石を立てて使うということをあまりしません。松尾大社（西京区）、東福寺（東山区）など寺社の作庭が多い重森三玲氏（岡山県吉備中央町出身）が、巨石を立体的に組み合わせることで石の力強い表情を引き出したのとは対照的です。

遠藤　重森三玲氏は全国の多くの庭園を自ら実測調査し、日本初の庭園史「日本庭園史図鑑」をまとめた庭園史家としても知られています。氏の手がけた庭園は岡山には少ないので、京都の方がうらやましいです。

平安神宮は、小学校の修学旅行などで岡山の方にとってもなじみ深い神社です。社殿を取り囲む広大な庭園には三つの池があります。池から池へ流れがつながっていて、せせらぎとともに水の流れが次の神苑までいざなってくれているようです。中神苑の蒼龍池《そうりゅういけ》には、臥龍橋《がりゅうきょう》という名前の、池を渡るための飛び石があります。大人でも思わず渡りたくなってしまうのは、つくり手の思いが込められているからですね。

平安神宮から無鄰菴へは歩いて15分くらいでしょうか。地下鉄蹴上駅に近いこの地域には、琵琶湖疏水記念館や蹴上浄水場、水路閣など、疏水関連の施設が多くあります。近代庭園の先駆けとなった植治の庭と水との関わりの深さを感じます。

白幡　私は17年前「大名庭園　江戸の饗宴」という本で、大名庭園の理想は植治の庭に引き継がれたのではないかという自説を書きました。山縣有朋が無鄰菴をつくる際に求めたのは、「わび」「さび」に象徴される静かで奥深い茶人風の庭ではなく、豪壮で雄大な庭園でした。その思いに応えて植治は、流れの百科事典とも言うべき変化に富んだ水の流れと、当時としては斬新な、野外パーティーや園遊会を開ける広々とした芝生の空間を取り入れています。植治がつくった明るく広々と空の開けた明治の庭は、大名庭園と共通する部分があります。

晩年の植治は、住友家本邸庭園・慶沢《けいたく》園（大阪市天王寺区）の作庭に際して、「あれが出来れば関西第一で、岡山公園などとても及びますまい」と言ったそうです。（黒田天外「続々江湖快心録」）岡山公園、つまり岡山の誇る大名庭園・後楽園が植治の庭づくりに何らかの影響を与えたことは想像に難くありません。

―植治の庭と岡山の後楽園に思わぬつながりがあるんですね。

小川　私は子どものころ、新幹線に乗って家族で岡山へ来たことがあります。後楽園で父が「七代目はこの辺から見ていたのかな」と言ったのを思い出しました。七代目は大原美術館の創設者・大原孫三郎氏の本邸から大原家とご縁があり、旧別邸・有隣荘（倉敷市）の作庭もさせていただきました。私の父が若いころ、重森三玲氏に引き合わせてくださったのも、ご長男の大原總一郎氏だったと聞いています。

―現代に生きる私たちにとって、庭園を見る意味は何でしょう。

遠藤　小説家で随筆家の内田百閒《ひゃっけん》（岡山市出身）は、子どものころ毎日のように後楽園で遊んだ思い出を、「裏門に近い桜林の桜の実は粒が大きくておいしかった」「裏門から這入った右手の楓《かえで》の大木が繁り合った暗い地面に夢の様な小さな楓の芽生えが生えているのを見て、抜いて帰ってそだてた事もある」と書いています。（「古里を思う」）

明治生まれの百閒先生ほどではないにしても、岡山に暮らす私たちは、「お田植え祭」「茶つみ祭」のような恒例行事に、あるいは遠足に、花見にと、それぞれ自由な楽しみ方で後楽園に足を運んでいます。日本庭園というと何か居ずまいを正して拝見しなければならないようなイメージもありますが、あまり難しく考えず、京都の庭園も気軽に訪ねればいいのかもしれません。

小川　黒い床に庭の木々が映り込む「床みどり」で有名な実相院（京都市左京区）で石庭を改修中です。参加者を募り、築山の苔も張っていただきました。家庭で土に触れる機会が減った現代ですが、作業に参加して自分の庭のように感じていただければ、また会いに来てくださるかもしれません。庭は人より長い時間を生きます。進化も劣化もし、過去を消せないところは人の一生にも似ています。そういう時間軸の長さも庭の魅力でしょう。

時代を超え、先人の思いを受け取れる庭は、さながらタイムカプセルです。私の場合は、先祖が据えた石を抱える機会まで頂いているのですから、ありがたいことです。私も誰かが思いを受け取ってくれることを信じて、庭に思いを詰め込んでいます。

白幡　現在、名園と呼ばれる庭も、名園だと評価してくれる人、守ってくれる人が何代にもわたっていたからこそ今まで生き延びたわけです。そういう意味では、名園は、作庭家ただ一人がつくったものではなく、後世の多くの人たちの協力と努力のたまものだともいえます。次の世代に名園を残すかどうかは、私たちにかかっています。

寺院や大名、明治の元勲などと異なり、庶民にとっての庭園は、せいぜい限られたスペースで草花や庭木を育てて心を和ませるといった、生活に密着したものでした。そういう身近な庭園と広大な名園が頭の中ではつながっていたのかもしれません。遊び心に満ちた名園も、ただ眺めて観賞するだけでは発見できるものは限られます。五感を全て使って各人が自ら楽しみを見いだす姿勢が問われているのではないでしょうか。

（京都新聞２０１４年４月29日付朝刊より）

第18回伝統フォーラム

「洛中　花ごよみ　琳派400年記念」新たな文化生み出す契機に

花以外の名脇役大切に

■日本画家

森田りえ子氏

忘れかけた魅力再認識

■華道「未生流笹岡」家元

笹岡隆甫氏

四季折々変わる庭物語

小川勝章氏

2015年の「琳派400年」をテーマにした第18回伝統フォーラム「洛中　花ごよみ　琳派400年記念」（主催・京都伝統建築技術協会、京都新聞、協力・NPO法人京都伝統フォーラム）が2014年11月27日、京都市中京区の京都新聞文化ホールで開かれた。日本画家の森田りえ子氏、華道「未生流笹岡」家元の笹岡隆甫氏、作庭家・植治の小川勝章氏の3人が、専門家の立場から語り合った。コーディネーターは、京都産業大教授で京都新聞総合研究所特別理事の吉澤健吉氏が務めた。

―まずはそれぞれのお仕事についてお聞かせください。

森田　私の2008年の作品「楓・常盤樹屏風」は、制作時に琳派の画家・俵屋宗達の「風神雷神図」が頭をよぎり、舞い散るカエデは風、葉先のとがったマツは雷をイメージして描きました。琳派は現代の作家にも大きな影響を与えています。100年ごとに主要な作家が生まれるユニークな流派なので、おこがましいですが、私も400年目の琳派と言われるよう画作に精進したいと考えます。

笹岡　昨今は華道家の仕事も多岐にわたり、舞台上でパフォーマンス的に花を生ける「花手前」や、生け花作品を背景として日本舞踊や能を催すこともあります。他の分野との共演は制約も多々ありますが、新たな文化が生まれるきっかけにもなるでしょう。このような挑戦的な取り組みは、時代を超えて発展し続けた琳派にも通じるものがあると思います。

小川　庭に花が咲くと思わず目を奪われますが、花は舞台となる庭が整ってこそ、より映えるものです。そのため庭づくりは、まず地面の起伏や石、緑の木々というベースを第一に考えます。冬になると、落ちる花や葉が増えて樹木の枝ぶりがあらわになり、庭園の素顔が見られます。この季節ならではの景色も魅力的ですので、ぜひ冬の庭にお出掛けください。

―花を描く・生ける・植えるという3人ですが、お仕事をされる上で、どんなことを大切にされていますか。

笹岡　生け花は余分な枝葉を省いていく引き算が重要で、無駄のない構成が草花の輪郭を際立たせます。冬山の枝ぶりを見て勉強することも多いので、作庭にも似ているのではないでしょうか。冬の大地に根を張り、太陽に向かって枝を伸ばす植物のフォルムは本当に美しく、天地のエネルギーや生命力を感じます。

小川　庭づくりでも生命の流れを考え、地面に樹木や石を配置します。木の幹や枝は骨格で、葉や花が筋肉とすると、骨のないところに筋肉はありませんので、庭園の手入れでは骨を健やかに保つように考え、小さなはさみを使って繊細に枝を整えることが基本です。

森田　私は植物を描くときに、根や茎、開花の活力を秘めたつぼみなど、花以外の名脇役を大切にしています。芽吹いて、花が咲き、散って実を結ぶという生命の過程を一つの画面に描くと、作品全体から生命力がみなぎるように感じます。

もりた・りえこ

1955年生まれ。第1回川端龍子賞。花や舞妓などを独自の現代的世界観で描く。金閣寺本堂の杉戸絵を制作。京都市立芸術大客員教授。

ささおか・りゅうほ

1974年生まれ。京都大工学部建築学科卒。3歳から祖父である2代家元・笹岡勲甫の指導を受け、2011年に3代家元を継承。

観世流能楽師・林宗一郎さんが能を舞う会場でいけられた笹岡隆甫さんの作品（5月5日・宇治市の松殿山荘）

photo : Naoki MIYASHITA

琳派についての議論に熱心に耳を傾ける参加者ら（11月27日、京都市中京区・京都新聞文化ホール）

笹岡　生け花は枯れてしまうからこそ、時間の経過を大事に考えます。つぼみの開花から生命の喜びを感じ、太陽に向かう枝ぶりから前向きな心を見出すなど、植物の声にならない声を聞くことも、生け花の醍醐味だと私は考えています。

小川　庭の樹木は数百年、石は数万年、地面は数億年も生き続けるので、作庭の際には、ある程度の経年変化を考慮しますが、人生と同じで思い通りにはいきません。木々の生長スピードによって、全体のバランスも刻々と変化します。庭は常に同じだと思われがちですが、現在と来年の庭は別物であり、今しか出合えない景色です。

森田　生け花や庭園は、作品自体が生きているものですので、時間経過という味わいがありますが、絵画は瞬間を切り取ることしかできません。その代わり、絵の中の花なら、ずっと咲き続けることができます。美しさが枯れないことが絵画の魅力ですね。

―森田先生の家にも庭があり、花を育てているそうですね。

森田　小さな庭ですが、私の好きなツバキをはじめ、画材として多種の花を植えていますので、まとまりのない空間だと思います。庭のお手入れはなじみの植木屋さんに任せているのですが、作庭家の小川さんから見て、そんなのは庭といえるでしょうか。

小川　構成や取り合わせといった意匠が、生活や仕事の場として立派に機能している庭こそ、美しいものです。森田先生は庭で過ごす時間や、花と向き合う時間が長いとお察ししますが、樹木や花にとっても、うれしいことだと思いますよ。

笹岡　ツバキといえば、生け花では、葉の色が赤や黄に変わった照葉《てりは》ツバキを好んで使います。時の移ろいを表現したような、緑、赤、黄が混ざったグラデーションは、森田先生の絵画作品にも見られますが、とても日本的な美しさを感じますね。

―最後に、今後の活動や抱負をお願いいたします。

笹岡　海外で花を生けると、注目度も高く、感心されることも多いのですが、近年では日本人自身が花の文化を忘れかけているようです。そこで、例えば2020年の東京オリンピック開会式で花を生けるパフォーマンスをするなど、日本文化を世界に発信すると同時に、日本人にも再認識してもらえる取り組みをしたいと考えています。

まずは来年（2015年）、琳派400年記念として、森田先生の絵画や小川さんの庭と一緒に何かできればいいですね。昔から日本人は生活や文化において、異なるものを掛け合わせることが得意ですから、私たちも伝統を守りつつ新たな文化をつくっていきたいと考えます。

小川　作庭の世界も、地面、石、樹木といったなかでも、異素材の掛け合わせが基本です。針葉樹のマツを引き立たせるために丸みを帯びた葉の広葉樹を植えるなど、多種の木を調和あるいは対比させる手法は古来伝わるものです。遠景が際立つ冬の景色、開花の喜び、新緑や力強い葉を経た後の紅葉の美しさ。庭は四季折々で主役の変わるストーリーが魅力です。加えて、自分ならではの意味付けや向き合い方を見つけることも素晴らしいでしょう。今後は先達の知恵を生かしながら、庭に託された目に見えない思いを大切に伝えたいと考えます。

森田　日本文化を世界に発信する取り組みとして、例えば東京オリンピックなら、日本選手のユニホームデザインに小紋のような日本的文様を取り入れると面白いと思います。夢のような話ですが、日本画家として文化の発展に貢献できればうれしいですね。来年３月には、京都文化博物館で琳派４００年記念に関連した作品展が開催されます。私を含め、京都の工芸作家と日本画家、計２００人が参加しますので、ぜひご覧ください。

―日本文化のパワーを感じる議論となりました。来年は琳派４００年を記念したイベントが多数開催されますので、これを機に琳派や京都文化に触れていただければ幸いです。本日はありがとうございました。

森田りえ子さんが、尾形光琳の国宝「紅白梅図」に触発されて描いた作品「吉兆」

知と感性の異種格闘技

庭園美の移ろい　深奥

本来、暮らしの中の総合芸術

■国際日本文化研究センター教授
白幡　洋三郎　氏

予定調和では趣は生まれぬ

小川　勝章　氏

京都には、美しい自然を取り入れた神社仏閣や有力者の別荘の庭園が数多く残る。都市化が進む中、日本人の自然観はどこに向かうのか。造園の歴史に詳しい国際日本文化研究センター名誉教授の白幡洋三郎さんと、近代庭園造りの先駆者で「植治」の名で知られる七代目小川治兵衛の直系の作庭家・小川勝章さんが、特別公開中の並河靖之七宝記念館（京都市東山区）の庭園で語り合った。

小川　こちらのお庭は、七代目が山縣有朋公の別荘の無鄰《むりん》庵と並行しながら手がけたようです。先日もお手入れさせていただきましたが、やりたいことをぎゅっと固めたお庭のように感じます。

白幡　狭い場所にも夢があふれ、植治の原点という気がしますね。七宝作家だった並河靖之さんの工芸は、西洋から見ても高い芸術性を備え、自宅兼工房だったこちらには、国内外から職人やお客が訪れたんでしょう。日常の憩いの場なのか、人をもてなす場なのか、植治はどんな考えで庭造りを請け負ったんでしょうね。工場ではなく、工房という名前にふさわしい、エレガントな雰囲気もある、並河さんからすれば商品を展示するショーウインドーのような場所だったのでは。そういう役割を持つ庭も珍しい。

■植治の試みを感じる

小川　植治の庭は本来、灯籠や石、木などを単体で主張させるより全体で景色を作る印象ですが、初期の仕事のこのお庭はさまざまな試みがされ、建物に呼応して造られたように思います。応接間からは、大ぶりの灯籠や飛び石、手水《ちょうず》鉢が見え、堂々としたしつらえ。奥には仏間もあったようで、公私の区別を考え、個々の部屋から異なる景色をつくったのでは。池に張り出した廊下の南東角は特等席で、東側と南側の庭が融合した景色を見ることができ夢見心地になります。

白幡　江戸の大名屋敷の庭園も灯籠が多い。江戸は誰を喜ばせるための庭かはっきりしていて、灯籠を置くにも単純に面白いと思う場所に置いた。でも京都のお庭は難しい。京都の人は自分がやりたいことも、先人や名人がどう思うかも考えて刈り込んでかたちにする。植治はそういうしがらみをとっぱらって自分の好きなようにやり、第一人者になった。

―平安時代以降、仏教は人間の内面追求を重視し、僧侶が修行の場を山林などに求めるようになり、仏教施設にも自然や庭園の要素が取り入れられ、京都にも多くの名園が誕生した。

白幡　日本人の宗教心はいろいろな意味で空間を作ってきた。庭園も、木を媒介に人と人がつながる場所で、そこに文化や物語が生まれる。近代までは枯山水や書院造り、大名庭園など日本庭園にも様式があった。ただ、明治以降の庭には様式と呼べるようなものがない。戦後は特に、京の禅宗寺院の石庭や桂離宮などの王朝風の回遊式庭園が造園芸術の理想とされるようになり、明治維新で衰退した大名

並河靖之七宝記念館の庭園を訪れ、日本の文化や植治の仕事について語り合う白幡さん（右）と小川さん（京都市東山区）

庭園は専門家の間でも評価が低い。そうした中で、植治は無鄰庵にも苔《こけ》でなく芝をはるなど、園遊の理想を持つ雄大な庭を造り続けた。大名庭園の後継者とも言えるでしょう。

小川　先祖が何を考えていたのかは、残された庭から、現場で察するしかありませんが、試されている気もします。様式をつくり出す意気込みは必要だと思いますが、まだまだ木や石に教えてもらいながらの宝探しのような仕事です。

■都市化、変わる自然観

―日本の庭は「わび」「さび」などのイメージが根強い一方で、マンション暮らしの人や、西洋的なガーデニングの庭や外来植物も広がり、日本人の庭園観も複雑さを増している。

小川　都会にも公園や街路樹はありますが、かわいそうな緑が多い。路上の木が一本枯れても悲しむ人がいるでしょうか。庭師が求められる仕事も変わってきています。今は、最初にコンピューターでマンションにこんな庭園を造ってモミジを植えますとデザインすればその通りの木を探してこなければならない。

白幡　逆転してるね、発想が。一年中紅葉する品種のモミジが人気と聞くと、芸術的挑戦や問題提起としてはありと思うが、季節感を考えると、かなんなぁ。

小川　木を植えるにもまっすぐ、等間隔にとか、コンピューターの画面の中でイメージが収まってしまう。予定調和の世の中、庭造りも現場で生まれる驚きや趣を反映しにくい。石も置き方を少し変えるだけで、隣の石や木の寄り添い方も変わり、それが最終的に美しくなることもあるので

小川家に残る七代目治兵衛の名刺や新聞記事と、京都の庭園の歴史を考察する白幡さんの著書

すが。

白幡　それは気付かれない価値を見つけ出してあげる作業ですね。もっと自分の「提案」をしたいということかな。多くの庭園論は視覚上の観賞に縛られている。庭園は単に自然の素材を利用した造形芸術ではなく、本来はそれを使って楽しむ暮らしの中の生きた総合芸術。社交の機能を持った大名庭園はそうした性格を持っていたと思います。

環境問題も庭の役割として強く意識されるようになった。日本の庭師は樹木を刈り込ませたら世界一。来日する外国人も、自然に加え、日本文化の枠を庭園の中に見たいという思いが強い。都市緑化も、ビルを建てておいて屋上庭園を造るのはいかがなものかという声もあるが、現実としてどちらも存在する。

―時代や四季によって庭も移ろいを見せる。作り手の職人も観賞する側も、「多様性」と向き合わなければ庭園文化の深奥は捉えきれない。

小川　十一代目の父は常にネクタイを締めて仕事に出かけるなど、造園家のイメージを変えました。直接言葉で指導されたことはあまりなく、覚えているのは「子どもが砂場を作るように築山を作りなさい」ということぐらい。現場で少しずつ仕事を覚えましたが、怖いと思ったのは人によって大事なものが違うということ。ある場所で草をひくと、ある場所ではそれが大切な草の場合もある。雑なものはない。枯れたから植え替えれば良いということではない。木々の成長を願って祈って、人の存在をイメージしながら仕事をしなければと思います。

白幡　例えば、飲食店でサービスする人がテーブルに水やお皿を置く。言われたままやる人は同じ置き方しかしないけど、どの位置にどんな角度で置くかで変わるし、美しさも違う。庭造りも人と人をとりもつ。人の望むことを読み取り、人のために行う仕事は、真理は一つだけではない。だから多様な庭がある。

小川　人間より長生きする可能性が樹木や庭にはあり、次代に何かを託すこともできる。今はすぐに結果が求められ、木もすぐに花を咲かせないといけない。でも、待ちわびることも必要で、庭ぐらいゆっくり立ち止まって楽しんでほしい。観光で一度行った庭も、何回訪ねてもまた違った景色に出会えるはずです。

白幡　平安神宮の神苑は、借景といわれる東山が、背景の木が育ちすぎて見えない。作庭した植治が借景を見せたいと思っていたなら切ったほうがいいと思うが、木を一本切るにも哲学が必要で、歴史を再現するか、環境問題や時代への適応を重視するか、答えは一つではない。東京の浜離宮の庭園は今では世界貿易センタービルを借景に撮影するほうが自然な風景だと思うしね。何が日本の庭園文化なのかを決めるためにも、あれこれ悩みながら議論していく必要があると思います。

（京都新聞２０１６年９月８日付朝刊より）

日本人の忘れもの
知恵会議

京都の弱点
～暮らしを文化から考える～

長い尺度で考えると物事の本質が見えてくる
鎌田 浩毅 氏

日本各地の特色のある文化を京都でコーディネートする
佐村 知子 氏

自らの強みをきちんと自覚することが第一歩
中川 典子 氏

感性を駆使し数値を超えた趣、風情を生み出す
小川 勝章 氏

京都から次世代に伝えるメッセージについて考える「日本人の忘れもの 知恵会議」（主催・京都新聞）が２０１７年4月17日、京都新聞文化ホールで開催された。文化庁移転に伴い、政策立案拠点「地域文化創生本部」が京都に発足する中、日常の市民生活を充実したものにするために「文化」をどのように活用すればいいのか、「京都の弱点」について考察するとともに、その具体的取り組みの方法について4人の識者が話し合った。コーディネーターは、京都新聞総合研究所所長の内田孝が務めた。

●中川典子氏　銘木師／千本銘木商会常務取締役

「酢屋」の屋号を持つ千本銘木商会は、幕末に坂本龍馬らをかくまった材木屋としても知られます。床の間の床柱や欄間、天井に用いられる木目の美しい木をあつらえるのが銘木屋で、幕末の頃から発展した世界で日本にしかない職種です。北山杉は京都府の木として愛されていますが、生活スタイルの変化により住宅から和室が姿を消すとともに、その生産量も激減しているのが現状です。

立命館大経営学部の学生と未来の床の間を考えた際、床の間を見たことのない学生が多く、収納スペースと思われていることに驚きました。市内には町家を活用した店舗も数多くありますが、床の間やどんな樹種が室内を彩っているかをゆっくりご覧になったことがあるでしょうか。大学のまち・京都には多くの学生が暮らしていますが、彼らに茶室や数寄屋、町家といった木造・伝統建築の良さ、木のある暮らしは十分に伝わっていません。京都が世界に誇れ

る木の文化を知る、木育の必要性を痛感しています。

◉小川勝章氏

　自然を生み出しているように思われがちな作庭ですが、山を崩した土や、掘り起こした木や石を使ってしつらえるわけですから、実は作為的で不自然なものです。しかし自然への敬意や憧れを込めて生み出された庭園は、長い時間をかけて自然の一部になり、私たち人間より長く生き続けます。スピードが求められる現代において時間を要することは弱点ですが、この時間軸の長さこそが庭園の魅力でもあります。弱点も特色と捉えれば、強みに変えることができるのではないでしょうか。

　桜の花びらが舞い散る景色を見て、誰かと花見をした日のことを思い出した経験はありませんか。景色はそれを見たときの出来事や感情とともに心の中にしまい込まれ、再びその景色を見たとき思い出となってよみがえります。京都には庭園が多いので、一度見たら次は別の庭園と思われるかもしれませんが、再訪してこそ気付くこともあります。街路樹や公園の樹木も含めて長い目で見守っていただけると幸いです。

◉鎌田浩毅氏
火山学者／京都大大学院　人間・環境学研究科教授

　京都大の定年を4年後に控え、小さな町家を手に入れました。近世フランスで文化・芸術の発展に寄与したのは、

かまた・ひろき

1955年、東京都生まれ。79年、東京大理学部卒。旧通産省(現経済産業省)入省。同地質調査所の研究員として火山と出合い、とりことなる。米国カスケード火山観測所客員研究員など経て97年から現職。理学博士。近著に『地学ノススメ』『地球の歴史』『知的生産な生き方』など。

さむら・ともこ

長崎県出身。東京大法学部卒。1980年、旧郵政省入省。府副知事退任後は総務省大臣官房審議官、内閣府男女共同参画局長などを歴任。2015年1月には内閣官房まち・ひと・しごと創生本部で地方創生総括官補に就任、昨年6月に退職。現在、日本生命保険相互会社顧問。

なかがわ・のりこ

京都市生まれ。幕末に坂本龍馬をかくまった創業300年近くの材木商「酢屋」に生まれる。銘木加工技術の特長を生かし、町家の再生や床の間づくり、新しいモダン木の空間、家具・建具製作に従事し、木のある暮らしの豊かさを伝えている。京都市「DO YOU KYOTO？」大使。

貴族が自宅で開いたサロンでした。彼らが芸術家や知識人を招いたように、私もいろいろな人に来ていただき楽しく語り合っています。木造の町家は一見きゃしゃな印象を受けますが、梁には丈夫な松材が使われ、床柱も見事です。薄暗い部屋は不思議と心が落ち着き、よく眠れることにも気付きました。坪庭を眺めていると思わず時間を忘れてしまいます。

1869（明治2）年の東京遷都以来、日本の経済や政治は東京が中心で、文科省の予算も多くが東京大にいきます。京都大は、東京大が手を付けていないニッチな分野の研究で成果を上げようとしています。世界に向けて勝つことは東京に任せ、京都は歴史や文化を深めて知的生産力を高めるべきです。欧米や中国がまねのできない「知価の高い仕事」を創出することが、グローバル化する世界の中で京都が、ひいては日本が生き残る方策だと考えます。

◉佐村知子氏
元京都府副知事／前内閣官房まち・ひと・しごと創生本部地方創生総括官補

3年連続こそ逃しましたが、京都市が世界人気観光都市ランキングで2年連続1位になり、国際コンベンション都市としても上位にあるなど、「京都」ブランドは世界的にも抜群の知名度を誇ります。文化芸術資源をはじめ、伝統・先端・コンテンツ産業、またお茶や京野菜、多様な地域性と、誰もがうらやむほど多くの地域資源を持っていますが、まだ、大きな持続可能な構想の下でそれらを結び付け生か

し切れてはいないように思います。

京都府の２０１５年の合計特殊出生率は１・26で、全都道府県で下から２番目です。人口の１割を学生が占める京都市では、大学進学期に多くの若者が転入しますが、一方で就職や結婚・出産を機に転出する人も多く、定住につながっていません。もったいないことです。堀場製作所創業者の故堀場雅夫氏がかつて、「世界を相手にするなら東京も京都も同じ」と話されていたのが印象に残っています。今年は大政奉還から１５０年。東京に対抗意識を持つのではなく、京都は文化の力で世界に発信し、日本の各地をリードしていくべきでしょう。

【座談会】

―強みが多いのが弱点だというご指摘もありました。弱点を強みに変えるために大切なことは何だと思われますか。

中川 都が置かれていた京都には日本中の銘木が集まり、屋久杉を最も多く使っていたのも京都だといわれています。樹齢千年以上の屋久杉は内部を溶かしてまで成長します。レンコンのような穴のある板の木目を生かしてお寺の蓮欄間に仕上げるなど、京都が得意とする「見立て」と「取り合わせ」で、頂いた木の命を最大限に生かしてきました。京都では当たり前のことですが、海外ではよく驚かれます。京都に暮らす私たち自身が、強みをきちんと自覚することが第一歩かもしれません。

小川 日本庭園は床の間近くの上座から最も良く見えるように設計されていたものです。和室が減り椅子での生活が増えれば、庭園の見え方や見せ方も変わるでしょう。明治時代、琵琶湖疏水の完成は庭園に大きな影響を与えました。「植治」の屋号で知られる七代目小川治兵衛が作庭した無鄰菴（京都市左京区）は、流れる水と芝生を用いた明るく開放的な空間で、近代庭園の先駆けといわれています。時代やライフスタイルが変わっても、喜ぶ人の姿を思い描いてつくれば、折々における可能性は広がると考えています。

―地方創生に取り組むに当たって、行政は何年程度先の将来を見据えていますか。

佐村 まち・ひと・しごと創生本部が内閣官房に設置されたのは２０１４年です。長期ビジョンでは、２００８年に始まった人口減少に歯止めをかけ、50年後の２０６０年に１億人程度の人口を維持することを目標にしています。国も地方自治体も当面５年間の具体的な総合戦略を策定しました。私は京都に来るたび、ゆったりとした時間の流れに効率が全てではないと気付かされます。東京に帰るとまた慌ただしい生活に戻り、心のゆとりを忘れてしまうのですが、異なる時間の流れを知っている、持っていることはとても大切なことだと思うのです。

鎌田 時の流れには、時計が刻む物理的時間と、人によって長さの感じ方が異なる心理的時間があるそうです。フランスの哲学者ベルクソンは、生き生きする心理的時間こそが人生をつくり、人を自由にすると唱えました。どんなに厳密な物理的時間を使って観測しても、地震や火山噴火の予知には限界があり、自然災害を完全に防ぐことはできません。骨董品に囲まれた生活を送るうち、いざというとき避難できるような身体感覚を取り戻すことも必要だと思うようになりました。

—日常生活の中で感覚の重要性を感じることはありますか。

小川　私がこの仕事に携わり始めた高校生の頃は、現場の仕事は感覚が大事だと常に言われていました。今は事前にコンピューターで描いた図面通りにメジャーで測りながら施工するような現場もありますが、感覚は図面に収まりません。木も石も、自然物に同じ形状は一つとしてありません。人と自然双方の喜びをおもんぱかり、現場が一丸となって感性を駆使したとき、数値を超えた趣や風情となり、庭園の個性が生まれます。現場が生き生きしていないと、いい仕事はできません。

中川　銘木は料理屋さんのまな板や、和菓子屋さんや日本酒の蔵元の道具などにも使われます。適材適所を可能にしているのが銘木師の五感です。目で見たり手で触ったりするのはもちろん、製材するときは聞き耳を立て、匂いを嗅ぐことで、どういう性質の木か「木味」を判断します。感覚は経験を積むことでしか身に付きません。暮らしの中で木製品を使う機会を増やし、樹種を知ること、産地に思いをはせていただければ、現代人に忘れられつつある自然観も取り戻せるはずです。

—最後に、京都の町で暮らす皆さんへのメッセージをお願いします。

佐村　地域には個性があり、文化は地域創生の大きな力になります。人口減少社会の克服は、一つの地方自治体では解決できないので国と全国の自治体、そして住民の方々とが手を携えることが必要です。文化庁の京都移転を機に、日本各地の特色ある文化が京都でコーディネートされ、国内外に強力に発信されたり、文化を生かす先進的な取り組みで各地をリードすることで、全国の人たちから「文化庁が京都に来て良かった」と言われるようになることを期待しています。京都の皆さんが関心を持ち、一緒になって考え、取り組んでいくことが大事なことだと思っています。

鎌田　地球科学者は千年、一万年という時間軸で世界を見ています。百年、千年というスケールでも良いので、長い尺度で考えると物事の本質が見えてきます。鴨長明の「方丈記」にも描かれたように、京都は戦乱や自然災害、火災の多い街です。そのたびに荒廃から復興を遂げ、発展してきたのは、町衆が「自分の身は自分で守る」ことを知っていたからにほかなりません。為政者任せにせず、自ら歴史と文化をしっかりと伝承してきたからこそ、今の京都があるのです。それを忘れず、本質を捉えた町衆文化をこれからも育んでいきたいと思います。

（京都新聞２０１７年5月20日付朝刊より）

epilogue

お庭はまるで人のようです。作庭時を赤子とすれば、青年期や壮年期を経て成熟する様は、人生そのものではないでしょうか。人がそうであるように、赤子と成人の姿はまるで異なります。それでも人となりは仕草や雰囲気に現れるので不思議なものです。お庭にも、人となりならぬ、「庭となり」があるかのようです。

京都新聞紙面上で約2年半にわたり、お庭をご紹介させていただきました。「庭となり」をお伝えすることで、少しでもお庭に親しんでいただければと願いました。

お庭に向き合う折、私は、作庭された当時、つまりお庭の赤子姿を思い描きます。作庭工程では、まず地面のレイアウトともいうべき地割りによって起伏が生まれ、築山や池の姿となります。石組や植栽は主要箇所や大きなものを優先し、お庭の要を景色作ります。苔等でグランドカバーを行うのは仕上げの段階です。

そもそもの地割を知りたいと、石や樹木の無いお庭を想像してみました。すると土地や地面そのものの力や流れが浮かび上がるのです。続いて想像上で石を据えてみます。据えたであろう順序を辿ると、力が籠る石や動線を司る石もあることに気付かされました。樹木の中では、とりわけ松等の常緑樹が年中安定して緑を湛え、お庭の骨格を形成します。落葉樹である桜や紅葉は、四季を通じてその姿を変容させ、常緑樹に寄り添う事で互いを引き立て合います。1年のうち開花期や紅葉期が2週間程だとすれば、差し引いた11カ月程がお庭における基本の姿と言えましょう。だからこそ、その特別な2週間を待ちわび、名残を惜しみます。尊い時間や思いが積み重なり、成長と衰退が共存する中、お庭は受け継がれて行きます。

取材や出版にあたっては、ご協力いただいた各ご庭園関係者の皆様、座談録でご一緒させていただいた皆様には感謝の言葉が尽きません。中でも、序文を執筆いただいた白幡洋三郎先生のお陰で、お庭に向き合って行く覚悟を新たにさせて頂きました。

京都新聞の皆様、特に白石方一様（京都新聞ホールディングス代表取締役）、上野孝司様（京都新聞COM参与）、松田規久子様（京都新聞社滋賀本社編集部長）、松本直子様（京都新聞出版センター）には温かな眼差しで見守っていただきました。仲屋聡記者（京都新聞社）は、私の感情の起伏も残したままに、文面の流れを健やかに整えて下さいました。そして何より、読者の皆様に沢山の力を頂戴しました。

凛とした空気に包まれ、思わずぼーっと見とれてしまっていたり。得も言われぬ気配に包まれ、知らず知らずに背筋が伸びていたり。お庭の魅力は、目に見える美しさのみならず、目に見えない技に支えられているのでしょう。そして、その技に宿る創意や熱意といった思いに触れ、先人からの教えを受け取ります。

作庭の最終工程は、人の心にあるのかもしれません。お庭での出来事は心の奥底に仕舞われ、いつの日にか、ふとした折に蘇ります。「技と美の庭」。そこはご自身の思い出の舞台なのかもしれません。かつて訪れたお庭にも、ぜひもう一度お出掛け下さい。「お庭のとなり」で思いを馳せてみませんか。

植治　次期十二代　小川勝章

あとがき

京都新聞報道部　仲屋聡

田舎生まれのせいか、時折緑が恋しくなる。だから毎朝の通勤は京都御苑経由。山に囲まれた京都は中心部も緑が多い。四季の変化を木々から感じ、自転車を走らせる。そう、小川さんの言う通り。京都は日本の坪庭なのかもしれない。

この本は、京都新聞朝刊地域プラス面で2011年11月から2014年3月まで、月1回の連載「小川勝章さんと巡る技と美の庭園」の計29回分に追加取材2回分を加えてまとめたもので、出版に際して一部を加筆・修正した。いわば作庭のプロである小川さんとあくまで素人の記者が一緒に歩いた庭園周遊記である。

事の始まりは酔った勢いもあったのかもしれない。7年前、イスラエル出身の知人が営む日本酒バーでのこと。以前から飲み仲間だった小川さんと盛り上がった。

「一緒に庭を見る企画ができたらええなあ」

そんな話を煮詰めていくといよいよ現実に。技と美の庭園に酔いしれることになる2年半の始まりだった。

事件に事故、選挙に会見…。新聞記者の仕事は何かと気ぜわしい。どこか心落ち着ける場所が欲しくなる。当時、そんな職場で文化観光を担当していたのは幸運だった。取材は拝観者がいない朝。静かな庭園で小川さんの話に耳を傾けながら歩を進める。毎回、自分の中で気づかなかった美の感覚が研ぎ澄まされていくようだった。

　京滋には歴史ある名庭が数多い。これまで独りで何回も見た庭もある。本で予習していった庭も多い。だが、小川さんの目線で説明を聞くと同じ庭が全く違って見えてくる。不思議なものだ。読者の方々もこの本をじっくり読んでから、今まで見てきた庭をぜひ回って見てほしい。目線、座る位置、石の意味…。新しい見方が必ず生まれるはずだ。

　この取材をきっかけに時間があれば他にもいろいろ庭を巡るようになった。その中では庭園の未来を懸念することも少なくなかった。せっかくの借景にビルやマンション、電線が入り込む庭はやはり気が滅入る。今回は民家の庭園も多く取材に取り入れた。だが、京都の中心部では空き家が増え、売却が進み、地元の人が過ごした家と生きた庭が減っている。町家を改修した「民泊」が増えることでわずかな坪庭が残るのも皮肉な話だ。

　美しい庭園の維持に努める社寺の苦労も数多く聞いた。当然だが、庭を守るためには多大な費用がかかる。整える技術も必要だ。名庭を引き継ぐ難しさ。将来、子どもたちがこれらの庭園を楽しめるように残すには、より一層の市民の理解と協力が必要だろう。

「庭に親しみやすくする」

　これが小川さんと最初に立てたコンセプトだった。その意味では、心強い応援を頂きながら、読者の方に分かりやすく庭園を紹介することができ、一定の貢献は果たせたのではないかと考えている。

　ともあれ、数々の名庭を訪ねることができた。取材を許していただいた美の庭園の所有者と最高級の技で維持してきて下さった庭師の方々に改めて感謝したい。本当に、本当にありがとうございました。

植治（うえじ）

家業は宝暦年間、侍より庭園の道を志し、帯刀を許される作庭家となった初代に始まる。代々は「小川治兵《おがわじへ》衛《え》」の名を襲名し、屋号を「植治」と称する。

特に七代目は山縣有朋邸（無鄰菴）・平安神宮・円山公園・西園寺公望邸（清風荘）・市田弥一郎邸（對流山荘）・浅見又蔵邸（慶雲館）・古河虎之助邸（現・東京都旧古河庭園）といった国指定名勝庭園等を作庭し、自然風景を尊ぶ作風により日本庭園に開放的な空間性を生み出した。現在は十一代小川治兵衛が当主を担う。

植治　次期十二代
小川　勝章（おがわ　かつあき）

1973年、京都市生まれ。幼少期の多くを歴代の手掛けた庭園にて過ごす。1989年高校入学時より父である十一代小川治兵衛に師事し、思春期の多くを庭園掃除にて過ごす。1996年家業に従事しつつ、立命館大学法学部を卒業後、植治における作庭に専念する。新たな作庭に加え、歴代の手掛けた庭園においても、作庭・修景・維持を続ける。

御庭植治《おんにわうえじ》株式会社代表取締役
1級造園施工管理技士
京都市「DO YOU KYOTO?」大使

京都精華大学、名古屋工業大学、名城大学等において非常勤講師を歴任。

京都市・ケルン市姉妹都市提携50周年文化使節団として参加し、基調講演を行う。

2011年～2014年、京都新聞紙面にて「小川勝章さんと巡る技と美の庭園」を連載。

六本木アートナイト2016等、アートイベントに参加。


2013年から2014年、実相院（京都市左京区、94頁）において市民参加型の「こころのお庭プロジェクト」を有志で起ち上げた。全5回のワークショップを開催、のべ200人を超える一般市民と協働して作庭を行う。写真は苔を植えているところ（2014年秋）。

文　小川勝章
仲屋聡

写真
中田昭　（桂離宮）
山下幸作　（円山公園）

三木千絵　（無鄰菴、圓徳院、祇王寺、東福寺、天龍寺、
平安神宮、旧秀隣寺庭園、
白沙村荘橋本関雪記念館、醍醐寺三宝院、教林坊、
渉成園、居初氏庭園、退蔵院、並河靖之七宝記念館、
修学院離宮）
船越正宏　（大仙院、源光庵、二条城、龍安寺、松尾大社、
浄瑠璃寺、実相院、大橋家庭園・苔涼庭）
梶田茂樹　（彦根城・玄宮楽々園、法金剛院）
中尾悠希　（松花堂庭園）
安達雅文　（滋賀院門跡）
山本陽平　（秦家住宅）

ブックデザイン　北尾崇（HON DESIGN）
平面図イラスト　數間幸二（カズマキカク）

植治　次期十二代
小川勝章と巡る　技と美の庭　京都・滋賀

発行日　2018年1月31日　初版発行©2018
2019年1月31日　二刷発行
編　者　京都新聞社
発行者　前畑知之
発行所　京都新聞出版センター
〒604-8578　京都市中京区烏丸通夷川上ル
TEL075-241-6192　FAX075-222-1956
http://www.kyoto-pd.co.jp/

印刷・製本　創栄図書印刷株式会社
ISBN978-4-7638-0700-7　C0026
Printed in Japan